Bai
Atlantischer Ozean
Karibisches
Stubbe

Tecumsehs letzter Kampf

Die Tecumseh-Erzählungen von Fritz Steuben

Aus Tecumsehs Jugend erzählt:
Schneller Fuß und Pfeilmädchen

Folgenden Bänden liegen alte Quellen zugrunde:
Der fliegende Pfeil
Der rote Sturm
Tecumseh der Berglöwe
Der Strahlende Stern
Der Sohn des Manitu
Der große Häuptling
Tecumsehs letzter Kampf

Franckh'sche Verlagshandlung
Stuttgart

Fritz Steuben

Tecumsehs letzter Kampf

Alten Quellen nacherzählt

Franckh'sche Verlagshandlung
Stuttgart

Dieses Buch erschien als Einzelband unter dem Titel »Tecumsehs Tod« in 9 Auflagen (1.–58. Tausend), sowie zusammen mit zwei weiteren Erzählungen des Autors in dem Großband »Großer Häuptling Tecumseh« (59.–78. Tausend). Die jetzt vorliegende 11. Auflage (79.–86. Tausend) wurde von Claus Velmeden gekürzt und neu bearbeitet.

Schutzumschlag von Aiga Rasch
Vorsatzzeichnungen von Manfred Stobbe

Übersetzungen dieses Buches sind in Jugoslawien (slowenisch) und in der Tschechoslowakei erschienen.

CIP-Kurztitelaufnahme der Deutschen Bibliothek

Steuben, Fritz
Tecumsehs letzter Kampf : alten Quellen nacherzählt. – 11. Aufl. / von Claus Velmeden gekürzt u. neu bearb. – Stuttgart : Franckh, 1978.
10. Aufl. in: Steuben, Fritz: Grosser Häuptling
Tecumseh.
ISBN 3-440-04584-6

11. Auflage/79.–86. Tausend
Franckh'sche Verlagshandlung, W. Keller & Co., Stuttgart/1978

LH 9-GM
ISBN 3-440-04584-6/Printed in Poland/Imprimé en Pologne
Satz: Konrad Triltsch, Würzburg

Tecumsehs letzter Kampf

Ein verschenkter Sieg

Detroit war gefallen!
Detroit, um das der große Pontiac Wochen und Monate vergebens gekämpft hatte, Detroit, das seinem Besitzer die Herrschaft über die Wasserstraße zwischen dem Erie-See und den drei gewaltigen Binnenmeeren im Norden sicherte, Detroit war in den Händen der Engländer! Und General Brock, ihr Führer, wußte, wieviel er Tecumseh, dem Shawano, verdankte, wußte sehr genau, daß er ohne den genialen Indianer die Stadt nicht so leicht, vielleicht überhaupt nicht hätte nehmen können, denn der alte Amerikaner Hull war mehr als dreimal so stark gewesen wie die Rothäute, und er hatte dazu hinter den Wällen und Mauern einer für den Westen als geradezu unbezwinglich geltenden Festung gesessen.
Aber der Indianerschrecken hatte den gichtbrüchigen Herrn gepackt. Die vernichtenden Niederlagen, die Tecumseh den Amerikanern bei Maguaga und Brownstown beigebracht hatte, die immer neuen Meldungen von erfolgreichen Überfällen der Indianer auf Hulls Proviantkolonnen und Außenposten hatten ihn nervös gemacht, und die Nachricht, daß der „nördliche Bienenschwarm" vor dem Aufbruch nach dem Süden stehe, um sich Tecumsehs allgegenwärtigen Kriegshaufen anzuschließen, hatte es dem ebenso ehrenwerten und verantwortungsbewußten wie beschränkten, grauhaarigen Kommißkopf geraten erscheinen lassen, die Partie aufzugeben, bevor die Indianer so gereizt wären, daß auf Gnade für die Frauen und Kinder in der Festung nicht mehr zu rechnen gewesen wäre. Freilich verschwieg der General in seinen Berichten an seine vorgesetzte Behörde in Washington, daß auch nach den erbittertsten Gefechten noch keinem Gefangenen und keinem Verwundeten bisher ein Haar von den Kriegern Tecumsehs gekrümmt worden war, denn der edelmütige Shawano hielt eiserne Disziplin.

Unermeßliche Beute war den Indianern in die Hände gefallen. Jeder einzelne hatte mindestens ein Gewehr, ein Messer aus Stahl, dazu Pulver und Blei, Äxte und Beile, Töpfe aus Eisen, Decken aus Wolle und Baumwolle, leinene Tücher, ganze Anzüge, ferner allerlei Tand, bunte Glasperlen und kleine Handspiegel erhalten. War es ein Wunder, daß die Roten, die vor Begeisterung völlig aus dem Häuschen geraten waren, nun erst einmal nach Hause wollten, um vor ihren Weibern und Kindern zu paradieren und sie mit den unerhörten Geschenken zu überschütten? Daß sie nun auch die neidischen Blicke ihrer Dorfgenossen auskosten wollten, die in Tipi und Borkenhütte und Erdhaus geblieben waren, weil man ja nicht wissen könne, wie die Sache mit den Langen Messern ausgehen werde ... Tecumseh, gewiß, der sei ja ein großer Krieger, wer könne wagen, etwas gegen den Berglöwen zu sagen, hatten diese Übervorsichtigen gemurmelt, aber wie sei es damals am Tippekano gewesen, als sein noch größerer Bruder, der Prophet, ihnen Sieg und Beute ohnegleichen versprochen habe? Der habe sogar die Sonne verfinstern können ... und dann sei er doch von den Langen Messern schmählich davongejagt worden ...

Diesen Hasenherzen wollten sie es nun zeigen und erzählen! Sie sollten gelb werden vor Neid, diese Weich- und Wankelmütigen! Sie wollten ihnen vom Ruhme Tecumsehs berichten und ein bißchen auch vom eigenen Ruhm, und sie wollten vor den schreckhaft geweiteten Augen der Daheimgebliebenen eine Flinte abknallen, damit auch ihnen der Pulvergeruch in die witternden Nüstern steige ...

Und so waren sie abgezogen, aus diesen und anderen Gründen, ein Dutzend gute und zwei Dutzend schlechte Ausreden hatte jeder – und Tecumseh blieb zurück. Ein großer Sieg war errungen, und es hatte sich schnell herausgestellt, daß es ein zu großer Sieg gewesen war für die einfachen Seelen dieser Naturkinder. Sie wußten nichts davon, daß ein Sieg erst dann zu einem wirklichen Erfolg wird, wenn man ihn ausnutzt. »Warum noch länger kämpfen?« so hatten selbst alte,

erfahrene Häuptlinge Tecumseh gefragt. »Die Langen Messer haben nun gesehen, daß sie gegen uns nichts ausrichten können. Wir dürfen sie auch nicht zu sehr reizen.« Sehr weise sei es von dem Berglöwen gewesen, daß keinem einzigen dieser Blaßgesichter der Skalp genommen worden sei, die Langen Messer hätten nun keinen Grund zur Unversöhnlichkeit. So sprachen sie ihm ins Gesicht. Aber heimlich dachten sie, daß so ein Langmesser-Skalp sich in ihrem Tipi am Nipigon oder am Wisconsin vorzüglich gemacht hätte ... so aber, wer würde einem glauben! Und sie sagten weiter zu dem Shawano, nun würden die Mitschi malsa * sehen, daß es besser sei, Frieden mit den Kindern Manitus zu halten ... So hatten sogar Häuptlinge gesprochen und sich und andere erfolgreich belogen. Und schließlich also waren sie abgezogen, Mann für Mann. Bei Tecumseh blieb nur ein kleines Häuflein zurück.
Keine Rede davon, auf zwei-, dreihundert mit Kriegern vollbesetzten Kanus den Wabasch hinabzustoßen und Vincennes und die übrigen kleinen Forts im Westen einzunehmen, die ihm jetzt wie reife Äpfel in den Schoß gefallen wären. Keine Rede davon, einen Sieg an den anderen zu reihen – ach, der Berglöwe kannte seine Indianer immer noch nicht gut genug!
Er sprang auf sein Pferd und ritt in die Wildnis hinaus, um allein zu sein. Aber diesmal gab ihm die Einsamkeit keine Kraft, und kein Anruf Nanabozhos ** half ihm aus seiner Verbitterung.
Als er schließlich mit verstörtem Gesicht und erschöpft in das Zelt trat und sich auf sein Lager werfen wollte, sah er in dem Licht, das durch den geöffneten Vorhang in den dunklen Raum fiel, Puchte-thai sitzen. Der Junge starrte ihm mit weit aufgerissenen Augen entgegen, seine Lippen zitterten, und als er nun seinem Vater entgegensah, da trat es wie neues Entsetzen in sein Gesicht.
Tecumseh blieb stehen. Dieser Anblick weckte ihn auf. Er

* Mitschi malsa = Langmesser: Amerikaner
** Nanabozho: Der Gute Geist

schlug den Vorhang noch weiter zurück, um den Knaben besser betrachten zu können, dann trat er ein und ließ ihn ganz zufallen. Nun herrschte wieder Dämmerung im Raum. Der Häuptling aber ging auf seinen Sohn zu und legte ihm die Hand auf die Schulter.
»Puchte-thai möge wissen und es in seinem Herzen behalten für die Zeit seines Lebens: Wenn Schnellen und Wirbel im Fluß sind, so versucht nur ein Tor, sein Kanu weiterhin gegen die Strömung zu treiben. Der Kluge aber fährt an Land, nimmt das Kanu und seine Waffen auf den Rücken, umgeht das fallende Wasser und setzt sein Boot erst jenseits wieder in den Fluß. So wird auch Tecumseh tun. Du aber geh und hole mir einen jungen Hirsch. Denn ich bin hungrig.«
Der Knabe war aufgesprungen. Er wollte seinem Vater seine Liebe und Anhänglichkeit zeigen, er machte eine unbeholfene Bewegung und stotterte, aber er brachte in der Erregung seines Herzens kein vernünftiges Wort heraus.
Tecumseh erriet alles. Er strich seinem Jungen über das Haar, dann sagte er ruhig: »Puchte-thai war der erste, der neben mir stand und den Bogen hob, als die Langen Messer angriffen. Nicht nur die Häuptlinge und die Krieger haben es bemerkt, auch Tecumseh sah es. Puchte-thai hat das Herz des Pumas. Tecumseh ist stolz auf ihn.«
Das war zuviel für den Jungen. Nun rannen ihm die Tränen aus den Augen. Er strich sich mit der Hand darüber, drehte sich plötzlich um und rannte davon. Aber im Hinauslaufen griff er nach Bogen und Pfeilköcher. Er sollte ja einen Hirsch schießen.
Am Nachmittag besuchte Stiatha den Shawano. Er sagte ihm, daß die Wendat seine Befehle erwarteten. Aber der alte, lebenserfahrene Häuptling sagte noch mehr. Er sagte, daß es nicht gut sei, wenn die Erdgeborenen zu viel Beute erhielten, denn das mache den Verstand wanken. Man müsse ihnen nun Ruhe lassen, wie man einem Betrunkenen Zeit lassen müsse, wieder nüchtern zu werden. Dann würden sie alle wiederkommen, wenn der Berglöwe sie rufen ließe.

Tecumseh erkannte, wieviel richtige Erkenntnis in dem lag, was der Wendat sagte. Aber er entgegnete heiß und böse, das Land liege offen vor ihnen, den Langen Messern sei das Herz entrissen, sie hätten alle Forts zwischen den Seen und dem Mississippi nehmen können; ja auch Vincennes würde ihnen zufallen, wo Harrison sitze, der sie betrogen habe und so viele Krieger habe töten lassen. Man müsse dem Feinde auf der Spur bleiben wie der Jäger dem angeschossenen Elch.
»Die Erdgeborenen sind keine Langen Messer«, entgegnete Stiatha. »Die roten Krieger wünschen Ruhe und Jubelgeschrei, Kriegstänze und Opfer nach dem Sieg.«
»So werden wir diesen Krieg verlieren, wenn wir es nicht lernen, zu handeln wie die Langen Messer.«
Mit sehr leiser Stimme sagte der Wendat:
»Mein Herz ist müde; Stiatha hofft nicht mehr auf Sieg. Er hofft nur noch darauf, recht viele von den Mitschi malsa töten zu können. Wo früher meine Seele wohnte, da wohnt heute der Haß.«
Es folgte eine lange Unterhaltung zwischen den beiden Männern. Sie wurde durch das Erscheinen des Häuptlings Blaujacke unterbrochen. Er trat brummig und verlegen herein, setzte sich zu ihnen, paffte seine Pfeife und sagte kein Wort. Stiatha begann von anderen Dingen zu reden. Erst nach etwa einer Stunde stellte sich heraus, daß Blaujacke mitteilen wollte, daß nicht nur die Wendat, sondern auch alle Shawanos im Lager geblieben waren, mit Ausnahme von etwa dreißig Mann, die mit Cata-he-cassa abgezogen seien. Blaujacke hatte eine wütende Rede im Shawanolager gehalten, und es hatte sich doch gezeigt, daß im Kriege weitaus die meisten seiner eigenen Stammesgenossen auf Tecumseh hörten und nicht auf Cata-he-cassa.

Der Traum vom Indianerstaat

Gegen Abend wurde dem Shawano durch einen jungen Offizier die Bitte Brocks überbracht, zu einer Beratung nach Detroit zu kommen. Als der Häuptling vor sein Zelt trat, sah er, daß davor eine große Menge schweigender Indianer saß. Er erkannte die Abitibi, die Nenenot und Maskegon. Als er überrascht einen Augenblick stehenblieb, erhob sich in der vordersten Reihe ein Mann und trat vor. Es war Takatoka.

»Die Krieger aus dem Norden sind nicht gewohnt, den Bruder zu verlassen, wenn er in Not ist. Wenn der Schneesturm über die Eisfelder brüllt, ist der verloren, der allein draußen ist. Sage uns also, o Tecumseh, ob wir noch weiter bei dir bleiben sollen, und wir werden bleiben, obwohl nun der Winter naht und es Zeit wäre, in unsere Hütten zurückzukehren. Schon jetzt aber sagen wir, und Kitschi Manitu hört unsere Worte: Wenn der Frühling naht, dann werden wir wieder hier sein mit allen, die Waffen tragen.«

Tecumseh blickte mit frohen Augen über die Menge hin. Er blickte auch Takatoka an, der ihm erwartungsvoll und vertrauend in das Antlitz sah.

»Es ist gut, meine Brüder!« rief der Shawano mit hallender Stimme. »Tecumseh wußte es immer, daß die Krieger aus den nördlichen Wäldern tapfer, treu und klug sind. Wartet noch diesen Abend. Der Berglöwe geht zu dem Häuptling der Inglismon *, um mit ihm zu beraten. Wenn er zurückkommt, wird er euch sagen, was zu tun ist.«

Über die einfachen Gesichter der schlichten Jäger ging ein heller Schein. Das Lob des Berglöwen erfreute sie und machte sie stark.

Der Shawano ging zum Strom hinab, wo ein Boot des Generals auf ihn wartete. Brock, dem natürlich der Abzug der In-

* Inglismon: Engländer

dianer gemeldet worden war, hatte seinen Offizieren verboten, irgendeine Frage an den Shawano zu richten.
Sofort nach Tecumsehs Ankunft versammelten sich Proctor, Oberstleutnant George und einige andere Stabsoffiziere mit den beiden Adjutanten des Generals in dem Hause, das bis vor wenigen Tagen noch der amerikanische General Hull bewohnt hatte.
Brock hatte erwartet, Zorn, Schmerz oder Niedergeschlagenheit bei Tecumseh zu finden, aber der Indianer war gelassen wie immer. Mindestens ließ er einen weißen Mann nicht in sich hineinsehen.
Der General eröffnete den Kriegsrat.
Die amerikanische Armee, die vom Westen her in Kanada habe einfallen sollen, sei nicht mehr vorhanden. Vor zwei Stunden sei mit einem Schnellsegler, der von Fort Erie gekommen sei, die Nachricht eingetroffen, daß sehr starke amerikanische Kräfte sich auf dem Ostufer des Niagara versammelten in der offenkundigen Absicht, den Strom zu überschreiten und von dort in das Land einzudringen. Das habe er längst erwartet. Seine Pflicht als Zivilgouverneur und Oberbefehlshaber in Oberkanada sei es jetzt, mit allen nur verfügbaren Truppen sofort an die bedrohte Grenze zu eilen, um dem Feind auch dort entgegenzutreten.
In Detroit sei der Gegner vernichtet; bis er mit neuen Truppen hier erscheinen könne, müßten Monate vergehen; inzwischen könne auch am Niagara der Sieg erfochten sein. Seine Absicht sei daher, Oberst Proctor mit einer nur kleinen Streitmacht hier zu lassen und mit allen übrigen Truppen sofort nach Osten aufzubrechen. Die Entscheidung des Krieges werde im Osten fallen. Darum wolle er auch Tecumseh bitten, ihn mit seiner Hauptmacht an den Niagara zu begleiten und die Indianer hier einem erfahrenen Häuptling zu unterstellen, zu dem er Vertrauen habe. Einstweilen könne im Westen die Aufgabe der Indianer nur sein, kleine Spähertrupps recht weit in das Land hineinzusenden und allenfalls zu versuchen, Fort Wayne von seinen Zufuhren abzuschneiden.

Der General hatte eine Karte von Oberkanada an die Wand seines Zimmers hängen lassen, um die sich die Offiziere nun versammelten. Allzu verlockend war für sie alle der Gedanke, nach dem Fall von Detroit weiter in den Westen zu stoßen. Warum sollte sich vor Vincennes nicht das gleiche wiederholen, was sie hier erlebt hatten! Wenn aber Vincennes gefallen war, so stünde das Mississippi-Tal den Engländern offen, dann würden die kleinen Forts im Westen fallen, dann hätte man Verbindung mit den Dakota, und dann könnte man einen großen Angriff vom Westen her wagen ...
Aber das waren Luftschlösser! Sie hatten nach dem Fall von Detroit genügend Zeit gehabt, sich die Kriegslage zu überlegen. Nicht, was sie sich selber wünschten, durften sie tun, sondern nur das, was die Lage und die Stärke ihrer Truppen vorschrieben. Es war fast sicher, daß sie Vincennes nehmen könnten. Aber ebenso sicher war, daß dann der Feind sie von ihrer Nachschublinie aus Unterkanada abschneiden würde. Wenn die Amerikaner den Niagara überschritten und das Land zwischen dem Huronensee und dem Ontario besetzten, dann waren alle Erfolge im Westen nutzlos gewesen, dann konnte Brock mit seiner Armee in Gefangenschaft gehen, so wie es eben Hull getan hatte.
So sprachen sie hin und her, und hinter ihnen stand Tecumseh. Er wußte, daß die Inglismon recht hatten – von ihrem Standpunkt aus. Aber er – sollte er allein gegen Vincennes ziehen? Ihn konnten die Mitschi malsa nicht abschneiden, seine Hilfsquellen lagen im Westen und im Norden. Vielleicht würden die Kickapus und die Utagamis doch kommen – von denen bisher kein einziger hier vor Detroit aufgetaucht war. Vielleicht würde die Siegeskunde sie nun mitreißen, die damals am Tippekano am meisten gelitten hatten und die ihm seit diesem Tage am bittersten grollten.
Und auch die anderen, die heute davongelaufen waren – sie würden kommen. Aber sie sollten nun erst spüren, wie das war, wenn sie nicht von Tecumseh geführt wurden. Er dachte nicht aus beleidigtem Stolz so und noch weniger aus Rach-

sucht. Aber er brauchte Krieger, die gehorchten. Nun sollten sie einmal gründlich die Faust Harrisons spüren. Er glaubte, den Gouverneur von Vincennes zu kennen. Der war nicht wie Hull. Der saß jetzt dort unten und bereitete sorgfältig alles vor, um aufzubrechen, wenn es Zeit war.

Wie hatte Stiatha gesagt: Es ist nicht gut, am Anfang zu viele Siege zu haben. Der alte Fuchs hatte recht. Es mußte erst die Not kommen; aus ihr würden sie lernen, und dann würden sie Tecumseh rufen ...

Sein schneller und starker Verstand arbeitete. Nicht er wollte den Engländern dankbar sein, nicht sie sollten ihm helfen! Sie mußten erkennen, daß er ihnen half. Denn eines Tages wollte er Forderungen stellen. Er hatte ihnen Detroit erobert. Er wollte auch am Niagara die Langen Messer schlagen. Er wollte sein Volk retten und seinen Indianerstaat bauen. Er hatte längst erkannt, daß er sein Ziel nur erreichen würde, wenn die Engländer glaubten, es liege in ihrem Interesse, diesen Staat zu gründen. Er hatte viel gehört, wenn die Engländer unter sich waren. Keinem von ihnen waren seine Brüder etwas anderes als Werkzeuge ihrer Absichten; Brock war die einzige Ausnahme. Er mußte Brock helfen, dann würde Brock auch ihm helfen. Aber auch Brock würde niemals gegen seine Pflicht als englischer General handeln – so wenig wie der Shawano jemals gegen sein Volk. Es kam alles darauf an, daß Brock große Erfolge errang – denn diese Ausnahme unter den Blaßgesichtern hatte begriffen, daß es gut war, wenn Indianer und Engländer nebeneinander lebten. Immer würde der Inglismon die Hilfe der Erdgeborenen gegen die Mitschi malsa brauchen ; seine Aufgabe war es daher, den Inglismon zu beweisen, wie wertvoll die Hilfe der Erdgeborenen sein, wie scharf ihr Tomahawk zuschlagen könne. Als Brock den Shawano nun fragte, was er denn zu seinem Vorschlag sage, da erwiderte er:

»Deine Meinung ist richtig. Tecumseh wird mit dir zu den Donnernden Wassern gehen.«

Der General atmete auf. Er hatte seine Besorgnis nicht ge-

zeigt, aber er hatte gefürchtet, der Shawano werde ihm vorwerfen, daß er die Sache der Indianer verrate. Doch ihm war die ruhige Antwort Tecumsehs unheimlich. Er wurde aus diesem Shawano nicht klug. Seiner Meinung nach hätte der Häuptling darauf bestehen müssen, daß der Erfolg von Detroit ausgenützt werde, daß das Indianerland im Süden und Südwesten von den Amerikanern gesäubert werden müsse. Brock hatte sich darauf vorbereitet, alle die erwarteten heißen Vorwürfe Tecumsehs zu widerlegen. Und nun diese gelassene Zustimmung zu allen seinen Vorschlägen!
Brock wußte, daß es nicht leicht war, die Gedanken eines Indianers zu verstehen, aber diesmal fiel es ihm besonders schwer. Denn da die meisten Roten im Zorn und Hader mit dem Shawano abgezogen waren, hätte es nach seiner Meinung Tecumsehs Bemühen sein müssen, die abtrünnigen Stämme durch weitere Erfolge von neuem an sich zu fesseln. Aber diese Erfolge mußten hier fallen, im Indianerland, nicht im Osten. Und hier waren sie auch so leicht zu erringen. Bitter und schwer genug war es für Brock, auf die volle Ausnutzung dieses Sieges zu verzichten. Ihn zwang die Schwäche seiner Truppen. Die achthundert Mann, die er jetzt bei Detroit wieder entbehren konnte, wurden dringend am Niagara gebraucht.
Aber er war doch froh, daß Tecumseh nicht widersprach.
Auch seine Offiziere stimmten dem General zu.
In kürzester Zeit waren die Truppenteile bestimmt, die in den Osten zurückkehren sollten. Die Soldaten packten ihre Habseligkeiten zusammen, um am nächsten Morgen marschbereit zu sein.
Tecumseh stand allein auf einer der Bastionen, von deren Höhe er sowohl das Innere des Forts wie das Feld davor übersehen konnte; er blickte auf das lärmende Treiben hinab, und er dachte an seine Indianer. Bei den Inglismon genügte ein Befehl – und alles nahm seinen Lauf, wie der englische General wollte. Er aber mußte Versammlungen abhalten, den Häuptlingen schmeicheln, um ihre Einsicht betteln.

Meistens riß er sie ja mit – dann aber machten sie wieder, was sie wollten, und alles Reden war vergeblich. Der Shawano erkannte, warum die weißen Männer, mochten sie sich auch sehr oft noch so unvernünftig benehmen, zuletzt doch immer siegten: Sie wußten, daß im Kriege einer befehlen muß und daß alle anderen zu gehorchen hatten.
Tecumseh stand lange auf seinem einsamen Platz. Er sah, wie weit sein Weg war.
Als er in das Lager der Indianer zurückging, beschloß er, eine Probe zu machen. Er hatte die ganze Größe und die Schwierigkeit seines Planes erneut erkannt. Aber dieser Mann wuchs an der Stärke des Widerstandes. Er rief Stiatha, Blaujacke und die Häuptlinge der drei nördlichen Stämme in sein Zelt und verlangte, daß sie am nächsten Morgen zu einer Unternehmung gegen das südlich gelegene Frenchtown aufbrechen sollten. Er übergab dem alten Wendat den Oberbefehl, forderte, daß keinem Gefangenen oder Verwundeten ein Leid zugefügt werden sollte, daß bei einer freiwilligen Übergabe des Platzes nicht einem einzigen Menschen ein Haar gekrümmt werden dürfe. Sobald diese Aufgabe gelöst sei, könnten die Krieger aus dem Norden in ihre Heimat zurückgehen, die Shawanos sollten ihm unter Blaujacke an den Niagara folgen, während Stiatha mit den Wendat in Frenchtown die Wache gegen Süden übernehmen solle.
Tecumseh merkte, daß er seine alte Macht über die Menschen wiedergewonnen hatte, denn es erfolgte kein Widerspruch. Im Gegenteil blitzte ihm aus den Augen der Häuptlinge kriegerische Freude entgegen, seine Willenskraft war auf sie übergesprungen, sie waren begeistert, daß es einmal ganz ohne die Inglismon gehen solle, sie glaubten an den Erfolg, sie hofften auf neue Beute, und er sah, daß Stiatha alles tun würde, um zu zeigen, daß er auch ohne Tecumsehs Hilfe einen Sieg erringen könne.
Am nächsten Morgen stand Tecumseh schon in der Dämmerung am Ufer des Detroit-River und beobachtete, wie die englischen Truppen aufbrachen. Sie wurden auf Flößen und in

Booten über den Strom gesetzt, der hier bei der Stadt nur etwa achthundert Meter breit war. Abteilung für Abteilung trat an, die Unteroffiziere meldeten dem ältesten Sergeanten die Stärke ihrer Mannschaft, dann marschierten die Soldaten zum Fluß hinunter. Kam wieder ein Boot zurück, so wiederholte sich der Vorgang. Alles ging in Ruhe und Ordnung vor sich.

Der Shawano dachte an seine Indianer. Bei ihnen ging es ohne die Befehle der Offiziere, und ruhig war es auch, denn der rote Krieger war es gewohnt, auf der Jagd und im Kriege zu schweigen. Aber doch war da ein Unterschied, und Tecumseh lernte. Er sah, daß die Soldaten bei jeder Gelegenheit daran gewöhnt wurden, empfangene Befehle auszuführen. Und so gehorchten sie dann auch, wenn es zur Schlacht ging oder zum Marsch oder in die Zelte. Denn er hatte in diesen letzten Tagen beobachten können, daß sogar die Zeit des Schlafengehens befohlen wurde.

Es schüttelte den Indianer. Ihm graute vor diesen Weißen. In ihnen lag eine Kraft wie in den Wassern eines großen Stromes: sie war ruhig, langsam, aber unaufhaltsam, weil immer einer den anderen schob. So war es auch bei ihren Angriffen. Denn wie konnte die erste Linie fliehen, da ja gleich die zweite, die dritte dahinter kam – und in allen diesen Reihen war keine Lücke, durch die ein Schwacher hätte nach hinten entweichen können. Ein Glied schob das andere in die Waffen der Feinde hinein, so wie im Fluß die oberen Wasser die unteren vor sich her in den Wasserfall drängen.

Darum war es so schwer, einen Angriff der weißen Soldaten zurückzuschlagen. Aber – der Shawano lächelte stolz – ihm war es doch gelungen. Man mußte nur ruhig bleiben und schnell schießen. Dazu war der Bogen gut, nicht das Gewehr. Es gehörte allerdings ein starkes Herz dazu, die stählernen Spitzen der Langen Messer so nahe an sich herankommen zu lassen!

Neben dem Häuptling stand Puchte-thai. Ihm war das alles neu. Und als gar die Abteilungen heranmarschierten und in die Segelschiffe einstiegen, konnte sich der Junge kaum von dem Anblick trennen. Als er dann selbst auf die größte Brigg hinüberging, da stand er bald auf einem erhöhten Platz am Heck und wandte kein Auge von all den fremden Dingen. Zunächst wagte er nicht umherzugehen; noch am zweiten und sogar dritten Tage betrachtete er alles nur verstohlen, und wenn er sich beobachtet glaubte, tat er, als starre er gleichgültig in das Wasser, denn er war belehrt worden, daß Neugierde eines Kriegers unwürdig sei.

Brock benutzte die Gelegenheit zu langen Gesprächen mit Tecumseh. Der General fühlte eine wachsende Freundschaft für den Indianer. Er erkannte mit Staunen den überlegenen Geist, das klare Urteilsvermögen und den harten Willen des Häuptlings. Zugleich bemerkte er aber auch, daß Tecumseh Dinge, die dem Engländer etwas Selbstverständliches waren, fast mit Furcht betrachtete. So ertappte er ihn immer wieder dabei, wie er mit fassungslosem Staunen den Lauf des Schiffes gegen den Wind beobachtete, wie er den Manövern der Schiffsbesatzung mit tief gespannter Aufmerksamkeit zusah, wie er hinter das Geheimnis zu kommen versuchte – und einmal fing Brock einen Blick auf, der voller Ratlosigkeit war.

»Die weißen Männer haben viele Geheimnisse gefunden«, sagte er mit leiser Stimme.

»Aber jeder rote Mann kann lernen, was diese Segelmannschaft dort tut«, antwortete Brock, überrascht von der Einfalt dieser Bemerkung.

»Wir können wohl lernen, zu tun wie ihr; aber können wir auch lernen, selbst zu finden, was ihr gefunden habt?«

Da erst begriff der Engländer, daß der Shawano tiefer dachte, daß es ihm nicht um die Handgriffe ging, sondern um den inneren Drang, aus dem alle diese großen Erfindungen der weißen Rasse geboren waren. Und er begriff, woher das Staunen und die Furcht in die Augen Tecumsehs kamen. Der Shawano begann zu ahnen, daß sein Volk den weißen Menschen nicht genügend an eigener Kraft entgegenzusetzen habe.

Die Anwesenheit des Kaplans Macdonell führte dazu, daß sie

gelegentlich auch über religiöse Anschauungen der Indianer sprachen. Dem Schotten entfuhr einmal die Bemerkung, daß er Indianer kenne, die die Sonne anbeteten.

Tecumseh lächelte dazu, dann fragte er: »Beten die weißen Männer das Kreuz an? Euer Zeichen ist das Kreuz, unser Zeichen ist die Sonne, die vom Großen Geist erschaffen wurde, das Leben zu spenden. Wir beten die Sonne nicht an, so wie ihr auch das Kreuz nicht anbetet. Es gibt viele Bäume in den Wäldern, und es gibt an allen diesen Bäumen keinen Ast, der sich gerade in den Himmel reckt. Und doch streben alle diese Äste nach dem Himmel, nach dem Sonnenlicht, auch die krummen und gewundenen.

Wenn die weißen Menschen sterben, so kommt der Zaubermann zu ihnen, und auch an ihrem Grabe spricht der Zaubermann. Wenn ein roter Mann seinen Tod nahen fühlt, so spricht er selbst seinen Totengesang und geht heim zum Guten Geist.

Das Wasser dieses Sees und die Luft, die wir atmen, die Tiere dieses Landes, alles dies hat der Große Geist geschaffen; auch wir selbst sind Kinder Manitus. Wer will sagen, daß er an einem Baum gewachsen ist, dessen Äste gerade in den Himmel hineinstreben?

Tecumseh hat viel mit den Blaßgesichtern gesprochen. Er hat gehört, daß sie gute Lehren haben, aber er hat gesehen, daß niemand nach diesen Lehren lebt.

Unsere Lehren sind einfach, und wir alle leben danach. Wir ehren unsere alten Leute, wie es Gesetz bei uns ist; wir geben den Schwachen, die nicht jagen können, vom Ertrage unserer Jagd, wir geben unser Leben für unser Volk. Es ist das Ziel eines Erdgeborenen, ein tapferer Krieger, ein großer Jäger und ein schneller Läufer zu sein. Wir üben unseren Körper, damit er gesund und kraftvoll bleibt, da wir sonst den Hirsch nicht schießen und den Fisch nicht speeren können. Wir hatten kein Feuerwasser, das den Magen krank macht, bis ihr gekommen seid. Wir verachten die Lügner so sehr, daß niemals ein Erdgeborener wagen wird, zu seinen Freunden an-

deres als die Wahrheit zu sagen, und nur die Besten können Häuptlinge sein. Von weißen Menschen haben die Kinder Manitus gelernt zu skalpieren – aber eure Zaubermänner kommen und sagen, daß wir an den Teufel glauben. Wir haben sie nicht um ihre Meinung gefragt. Sie kommen doch und sprechen von dem Buch. Mögen sie erst lernen zu tun, wie ihr Buch es ihnen vorschreibt. Dann mögen sie wiederkommen! Wir brauchen kein Buch. Unser Buch ist die Natur, und das, was unser Vater und unsere Mutter uns lehrten, als wir noch kleine Kinder waren.«
Der Shawano hatte sich allmählich in große Erregung geredet. Es war Abend. Auf dem See leuchteten die weißen Kämme der Wellen, die Segel knatterten im Winde, das Holz des Schiffes knarrte und ächzte, es war kein Land sichtbar, nur Wasser ringsum und manchmal zwischen jagenden Wolken die Sterne über dem Schiff.

»Ich halte mein Wort«

»Die Langen Messer verlangten Land von unseren alten Leuten. Sie erhielten Land. Sie wollten immer mehr, sie bekamen es, oder sie raubten es uns, bis wir nicht genug zu leben hatten. Nun kommen sie immer wieder und sagen: ›Wir brauchen Platz für unsere Kinder. Aber wir sind großzügig und wollen euch anderes Land dafür geben, ein gutes Land, auf dem viel Frucht wächst.‹ Sie bieten uns Land im Westen, immer weiter haben sie uns in den Westen gedrängt, und sie weisen uns Wälder und Täler an, die ihnen gar nicht gehören, sondern anderen Erdgeborenen, unseren Brüdern, die doch mit ihren Frauen und Kindern auf diesem Lande auch weiterhin leben wollen. Aber danach fragen die Langen Messer nicht.

Mein Volk ist voll Furcht vor den Gewehren und den Kanonen und den Messern der Mitschi malsa; sie sind wenig, da sie verstreut an den Flüssen wohnen, die Mitschi malsa aber sind stark. Und so sagen meine Brüder: ›Ja, wir wollen in das Land gehen, das ihr uns zeigt.‹ Aber sie wollen nicht gehen. Wenn auch ihre Zungen ja sagen, ihre Herzen schreien nein und nennen die Zungen Lügner.

Mag das Land, das die Mitschi malsa den Miamis oder den Lenape oder den Shawanos weiter im Westen anbieten, auch gute Frucht tragen, mögen der Mais und die Sonnenblumen dort gut wachsen: Die Frucht schlechter Nachbarschaft ist Blut, das das gute Land überschwemmt, so daß es nicht mehr zu sehen ist und ertrinkt.

Tecumseh will dies nicht mehr, er will ein Ende machen. Oder er wird im Kampfe fallen vor seinen Kriegern.«

Der Shawano war nun wieder bei seinem ständigen Thema angelangt, er legte dem General seine Pläne dar, er zeigte ihm, daß Kanada groß sei, daß noch viel Platz für zahllose Dörfer seines Volkes vorhanden sei, daß die Inglismon und die Erdgeborenen wachsen könnten und doch nebeneinander

wohnen, und daß sie, wie in diesem Kriege, immer Bundesgenossen gegen die Mitschi malsa sein müßten.
Und so kamen sie wieder auf den Plan zu sprechen, im Nordwesten des Kontinents ein großes Reich aller indianischer Stämme zu schaffen. Er wolle den Amerikanern den Weg nach dem Großen Ozean nicht verlegen, er wolle seine Brüder dazu bringen, daß sie wie früher vom Ertrage des Bodens lebten. Er habe in den letzten Jahren schon sehr große Erfolge erzielt, meilenweit habe das Korn an den Ufern des Wabasch, des Tippekano, des Miami gestanden, aber dann sei Harrison gekommen und habe in seiner Abwesenheit seine Brüder überfallen und seinen Bund zerstört, so daß die Erdgeborenen ihm nicht mehr so glaubten wie früher. Aber er werde nicht aufhören, zu werben und zu arbeiten, um sein Volk zu retten. Dazu brauche er Sicherheit vor den Mitschi malsa, und darum sei er an der Seite der Inglismon in diesen Krieg gezogen und nicht etwa, weil er Beute brauche oder weil es ihm Freude mache, Unglück und Trauer in die Dörfer der Erdgeborenen zu bringen.
Und dann fragte er Brock geradezu – und der Gesang der Wellen brauste mächtig um das schwankende, kleine Schiff, der Wind pfiff um das dunkle Antlitz des Indianers, aus dem die schwarzen Augen mit fast drohenden Fragen leuchteten:
»Wirst du tun, was du auf dem Hügel über den Ulmen im Tal versprochen hast? Wird es einmal einen weißen Mann geben, der einem Erdgeborenen das Wort hält, das er ihm gegeben hat? Oder wird Tecumseh wieder sein Haupt zur Erde senken und fragen müssen, wie es möglich sei, daß der Gute Geist seinen roten Kindern so viel Unglück sendet?«
Der Shawano hatte wild und heiß gesprochen, er hatte zuletzt seine Hand schwer auf die Schultern des Engländers gelegt. Der General war von der Leidenschaft des Indianers mitgerissen, er war zu der Erkenntnis gekommen, daß es durchaus möglich sei, mit englischer Hilfe einen Indianerstaat zu errichten, daß es aber auch im englischen Interesse liege, dies zu versuchen. Er konnte sagen, was sein Herz ihm eingab,

denn sein Verstand sagte ja dazu, und so nahm er die Hand des Indianers mit beiden Händen, blickte ihm in die Augen und antwortete:

»Ja, Tecumseh, ich halte mein Wort. Wir wollen gemeinsam den Tomahawk dieses Krieges schwingen und ihn auch gemeinsam aus der Hand legen. Keiner von uns wird Frieden schließen, wenn nicht auch der andere Frieden geschlossen hat. Wir wollen nebeneinander stehen in diesem Kampf.«

Tecumsehs Gesicht loderte im Widerschein stürmischer Gedanken, die beiden Männer schritten die halbe Nacht hindurch nebeneinander über die Planken des von den immer stärker rauschenden Wogen des Erie hin und her geworfenen Schiffes, sie mußten sich an der Bordwand, an Tauen und Stricken festhalten, aber sie sprachen und sprachen.

Wieder erkannte Brock, daß der Shawano keinen Hirngespinsten nachjagte, daß er niemals geglaubt hatte, er könne etwa die Weißen aus Amerika verjagen. Er wollte nichts als einen Platz für sein Volk, und der englische General, der wußte, wie dünn die Vereinigten Staaten oder gar Kanada besiedelt waren, sah keinen Grund, sich ihnen zu widersetzen, wohl aber menschliche und politische Gründe genug, sie zu unterstützen. Sie begannen, Einzelheiten zu untersuchen, das Gebiet abzustecken, das die Indianer in Zukunft bewohnen sollten. Sie vergaßen, wo sie waren, sie mußten schließlich immer lauter schreien, um sich verständlich zu machen, denn immer heftiger peitschte der Sturm, aber sie achteten nicht darauf, sie waren von ihren Worten und Wünschen und Hoffnungen berauscht.

Als Tecumseh am Morgen erwachte, hörte er wohl das Heulen des Sturmes, aber es klang anders als bisher, und das Schiff stampfte und stieß nicht mehr, es lag fast ruhig.

Der Führer der kleinen Transportflotte hatte einen natürlichen Hafen an der Nordküste aufgesucht, und es war ihm gelungen, ihn zu erreichen, bevor der Sturm die Schiffe auseinandergetrieben hatte. Sie mußten einen Tag und eine Nacht stilliegen, bevor sie weitersegeln konnten.

Das Unwetter ließ, als es erst einmal abgeflaut war, sehr schnell fast völlig nach; der Wind sprang um, er wehte direkt aus Südwesten, aber er war nun schwach geworden, so daß die vier Schiffe bei ihrer Weiterreise nur langsam über das immer noch aufgewühlte Wasser glitten, obwohl sie nun wieder alle Segel gesetzt hatten.
Später kam dichter Nebel auf, und es hätte nicht viel gefehlt, daß sie statt in Fort Erie im Hafen von Buffalo auf der amerikanischen Seite angelegt hätten. Der Irrtum wurde erst im letzten Augenblick bemerkt, und nur mit knapper Not entgingen sie der Gefangenschaft.
Als Brock an Land ging, präsentierte eine Abteilung englischer Soldaten, die der Kommandant des Forts, Major Clive, an das Ufer geführt hatte. Den Soldaten gegenüber hatten sich ein paar Indianer aufgestellt. War es Zufall oder war es ein unwillkürlicher Nachahmungstrieb, auch die Roten standen in zwei Gliedern. Sie sahen erwartungsvoll Tecumseh entgegen. Der Shawano erkannte seine zweiundzwanig „Hunde"; sie waren wirklich vor ihm eingetroffen und standen nun hier, um ihm zu zeigen, daß sie den Befehl ausgeführt hatten.
Als Brock die Roten sah, wandte er sich dem Shawano zu:
»Nicht zweiundzwanzig, zweitausend Krieger solltest du haben, die so wie diese gehorchen, ohne zu fragen – dann wäre deine Macht groß genug, die Mitschi malsa zu dem Frieden zu zwingen, den du erhalten willst.«
Tecumseh blickte über seine jungen Krieger hin. Brock sprach seine eigenen Gedanken aus.
Die Indianer waren tapfer, wenn es galt, ihren Stamm zu verteidigen; sie waren gutmütig, leicht zu begeistern, aber sie waren auch leicht wieder verzagt. Der alte Blaujacke war ein Draufgänger und dabei abergläubisch, hitzig und unüberlegt, schnell zum Angriff und schnell zur Flucht bereit, dabei listig und von raschem Verstande. Er war so großherzig, daß er sich ohne Besinnen für einen Freund geopfert hätte; und wenn man ihm lange genug zuredete, war er auch wieder be-

reit, ihn zu verraten. Man konnte ihn ohne Schwierigkeit dazu bringen, milde gegen gefangene Feinde zu sein, aber ebenso auch dazu, die fürchterlichsten Grausamkeiten zu begehen. Und so wie Blaujacke waren sie alle. Sie sahen nicht über ihre Sippe, über ihren Stamm hinaus, eine Mondfinsternis konnte sie erschrecken, eine weiße Büffelkuh in Begeisterung bringen.

Tecumseh aber begriff: Auf diese Menschen mußte er sich verlassen, auf ihre Treue, ihre Einsicht, ihre Bereitschaft, ihm zu folgen. Einmal hatte er sie durch einen Propheten zwingen wollen, ihm zu folgen, aber der Prophet war ein Lügner und Feigling gewesen. Wie sollte er sie jetzt zwingen? Denn das hatte er aus der Meuterei bei Detroit gelernt: Solange er nicht die Möglichkeit hatte, sie zu zwingen, war er stets der Gefahr ausgesetzt, daß sie ihm plötzlich davonliefen – nicht aus Bosheit oder Treulosigkeit, nur aus Wankelmut, weil es ihnen gerade so paßte, weil sie genug Beute hatten oder genug Ruhm oder Sieg.

Nun wußte er plötzlich ganz klar, warum alle Indianerkriege zuletzt mit einer Niederlage seiner Rassegenossen geendet hatten: Nicht nur, weil die Stämme sich hatten gegeneinander hetzen lassen, nicht nur, weil sie uneinig gewesen oder geworden waren, sondern weil sie niemals eine Politik auf lange Zeit hinaus hatten treiben können. Sie hatten sich immer mit irgendwelchen Erfolgen zufriedengegeben, plötzlich das Interesse am Krieg verloren, sich anderen Dingen zugewandt. Aber der Feind vergaß nicht. Der weiße Mann hatte seine Soldaten. Er befahl ihnen, und sie taten, was befohlen war.

Da standen vor ihm seine zweiundzwanzig »Hunde«. Sie allein hätte er vielleicht mit dem Namen Soldaten belegen können; denn wenn der Anführer der »Hunde« die rote Stirnbinde anlegte, so war jedes Mitglied des Bundes zu unverbrüchlichem Gehorsam verpflichtet. Die »Hunde« waren die Lagerpolizei. Eigentlich unterstanden sie dem Friedenssachem ihres Stammes; doch hatte die Führerschaft des Bundes mehr Macht als jeder Sagamore, wenn es auf eine Gewaltprobe an-

kam. »Hunde« aber gab es in jedem Stamme. Das Gesetz der »Hunde« ging über jedes Gesetz von Familie, Sippe oder Stamm – ausgenommen das Blutgesetz, das verbot, daß Angehörige einer Sippe untereinander heirateten.
Tecumseh wußte sehr genau, daß es dennoch unmöglich war, aus den »Hunden« das zu machen, was weiße Soldaten waren. Aber er wollte es versuchen. Er mußte in jedem Stamm fünfzig oder hundert junge Leute haben, die ohne Besinnen das taten, was er befahl, auch wenn er selbst nicht anwesend war; für die ein Murren oder gar ein Widerstand gegen eine Anordnung von ihm unvorstellbar war. Er wollte sich eine Leibgarde schaffen, die zugleich die Stämme zusammenhalten sollte.
Das war eine Arbeit von vielen Jahren, vielleicht Jahrzehnten. Für diesen Krieg war es zu spät dafür, dennoch wollte er sogleich beginnen. Der Bund der »Hunde« in jedem Stamm sollte seine Mannschaft werden. Mochte auch das indianische Fühlen und Denken, mochte sogar das Blut der Erdgeborenen sich dagegen empören: Er wollte es doch zustande bringen. Es mußte die größte Ehre, der höchste Ruhm eines jeden jungen Kriegers sein, dem Bund der »Hunde« anzugehören. Dieser Bund aber sollte seinem Befehl unterstehen, so wie die Inglismon ihrem General unterstanden.
Er lächelte seinen »Hunden« zu. »Tecumseh hat gewußt, daß seine jungen Krieger schneller sein würden als die Schiffe der Inglismon. Der Berglöwe ist stolz auf seine Brüder.«
Er verabschiedete sich von Brock und ging mit den Zweiundzwanzig in das Lager, das sie in der Nähe von Fort Erie aufgeschlagen hatten.

Vor der nächsten Schlacht

Die Engländer hatten am Ausfluß des Erie-Sees in den Niagara das Fort Erie und an der Mündung des Niagara in den Ontario das Fort George. Die Entfernung zwischen diesen beiden Befestigungen betrug siebenundfünfzig Kilometer. Dann lag in der Nähe des Dorfes Tschippewa, drei Kilometer oberhalb der großen Fälle, noch ein stärkerer britischer Posten und etwa elf Kilometer unterhalb ein weiterer in Queenston. Die Amerikaner hatten gegenüber von Fort Erie und von Fort George ebenfalls Forts angelegt; sie hießen Black Rock und Niagara. Dort und in Lewistown, das Queenston genau gegenüberlag, sammelten sie ihre Truppen. Auf beiden Seiten gab es Wege.

Brock verstärkte sofort die Besatzungen von Fort Erie, Tschippewa, Queenston und Fort George. Im Grunde war ein amerikanischer Angriff nur in der Nähe von Fort Erie oder aber zwischen Queenston und Fort George zu erwarten, weil nicht anzunehmen war, daß die Amerikaner etwa über die »Große Insel« herüberkommen würden, da sie dann ja zwei breite Wasserläufe zu überwinden hatten. In unmittelbarer Nähe der Fälle aber war der Niagara ein unüberwindliches Hindernis. Es war daher die ganze Sorge des Generals, die Verbindung zwischen den einzelnen Posten durch Verbesserung der Straßen noch weiter zu erleichtern; ohnehin waren die Truppen von ihm so verteilt, daß die Besatzung des einen Ortes der des anderen schnell zu Hilfe eilen konnte. Auch legte er Stafetten von einer Befestigung zur anderen; außerdem hatte er in der Nähe von Queenston auf zwei weit in den Strom vorspringenden Felsen, die leicht zu verteidigen und schwer zu nehmen waren, ein mittleres und ein schweres Geschütz postiert.

Auch Tecumseh war nicht untätig. Etwa eine Woche nach seinem Eintreffen in Niagara kam Blaujacke an; er brachte

seine Shawanos vollzählig mit und dazu noch etwa achtzig Menonimis, die sich ihm und Stiatha vor Frenchtown angeschlossen hatten. Die Amerikaner in Frenchtown hatten sich sofort ergeben. Blaujacke und seinen Leuten waren viele Beutestücke in die Hände gefallen. Die Gefangenen hatten sie – wenn auch ungern – wohlbehalten in Malden abgeliefert.
Tecumseh ging mit den Kriegern sogleich auf das Ostufer des Niagara. Der Herbst wob seine morgendlichen Schleier um Strom und Felsen. Feucht hing der Nebel an den grauen Schroffen und Kanten des Urgesteins, zwischen dessen goldrot überglänzten Wälderkuppen sich die Donnernden Wasser kilometertief in die Tiefe stürzten, um dann – von Steilufern eingezwängt – in schmaler Schlucht weiterzugrollen. Dann endlich – vor Queenston – verbreiterte und beruhigte sich der gewaltige Strom, seine Ufer traten zurück, nun war er wieder befahrbar für die leichten Rindenkanus der roten und für die schweren Holzboote der weißen Krieger. Wenn die Sonne durch den Nebel drang, loderten die Wälder wie ein endloses Meer von Farben: Ahorn, Ulme, Birke und Kastanie, Purpureiche und Trompetenbaum, Pappel und Esche glühten gelb und rot, braun und golden; tiefrot leuchtete der wilde Wein über die Felsenhänge. Es war ein sonniger milder Herbst. Die Nüsse reiften, die Eichhörnchen sammelten für den Winter, der Mais wurde geschnitten und der wilde Reis an den Ufern der großen Seen geerntet ... Doch die Menschen führten wieder einmal Krieg gegeneinander.
Der Shawano schickte seine Leute gegen Lewistown, denn er hatte von Brock erfahren, daß dort der amerikanische General sein Hauptquartier aufgeschlagen habe. Immer wieder führte er auch selbst Trupps vor, weil er jeden seiner Männer persönlich erproben wollte.
Mit seinen ausgesuchten Kriegern huschte Tecumseh um die Stellungen der Amerikaner, um die Verbindungswege und die Außenposten. Hin und wieder überfiel er auch einen Transportzug, eine Wache. Dabei achtete er stets darauf, daß

seine Leute sich in der Überzahl befanden, denn er wollte ihnen die noch immer bestehende Furcht vor den Bajonetten nehmen. Nie vermochten ihn die Yankees zu fassen. Entweder kehrte keiner von ihnen mehr zurück, oder sie konnten ungehindert durch das Gewirr der felsigen Schluchten rings um den Niagara stolpern.

So erreichte er, daß die Amerikaner allmählich eine höllische Angst vor den Indianern bekamen und daß sie sich überhaupt nur dann noch sicher fühlten, wenn sie sich in Scharen von einigen Hundert zusammenrotteten. Sie alle stammten aus den Oststaaten, wo es seit einem Jahrhundert keinen richtigen Indianerkrieg mehr gegeben hatte. Und was nun gar die Städter anging, so konnten sie durchaus nicht jene Entbehrungen ertragen, welche die Farmer des Westens hart gemacht hatten. Es herrschte also schlechte Stimmung. Und ihr Anführer, der General van Rensselaer, ein tüchtiger und unerschrockener Mann, war doch nicht militärisch erfahren genug, um seine Leute so anzufassen, wie es nötig gewesen wäre.

Da war Brock drüben auf der Westseite des Stroms ein anderer Kerl. Er exerzierte von früh bis spät, und zwar sowohl die regulären Einheiten vom 41. und 49. Regiment als auch die kanadischen Freiwilligen. Er wußte, was er tat. Die Regulären hätten es wirklich nicht mehr nötig gehabt, aber nie hätte er die Kanadier derart hernehmen können, wenn die nicht mit eigenen Augen gesehen hätten, daß er ja die Berufssoldaten genau so scharf traktierte. Dem General kam es auf Ordnung und Treffsicherheit an. Auch die Miliz sollte mitten im Aufruhr eines Rückzugsgefechts wissen, wie sie sich zu verhalten hatte. Und das Selbstgefühl der Kanadier wuchs.

Die Heldentat des Leutnants Sim

So verging der September: Die Engländer wurden zuversichtlicher, die Amerikaner unsicherer und aufsässiger mit jedem Tage. Für die Unsicherheit sorgten die ständigen Beunruhigungen durch Tecumseh, für die Aufsässigkeit ihre Auffassungen von der Freiheit des Einzelmenschen.
Und dann war es soweit, daß sich General van Rensselaer entschließen mußte, etwas zu unternehmen, wenn nicht seine Soldaten vor dem nahenden Winter ebenso auseinanderlaufen sollten, wie sie zusammengelaufen waren: nämlich freiwillig. Ohnehin begannen sie schon ganz offen darüber zu streiten, ob nicht verfassungsmäßige Bedenken gegen den Einfall in das Gebiet eines fremden Staates zu erheben seien.
Aber solange man noch von einem Spaziergang nach Kanada geträumt hatte, waren ihre Bedenken zu überwinden gewesen. Jetzt wurden sie mit jedem Tage stärker, denn jeden Morgen und jeden Abend berichteten heimkehrende Trupps, daß sie zwar Rote gesehen, sie selbst aber nicht hatten fassen können, oder sie erzählten von Getöteten, die sie im Walde gefunden hatten. Später fand man sie dann wohl auch. Und es ist nicht gut für die Nerven eines friedlichen Bürgers, den Nachbarn aus dem Dorf, mit dem man zwei Tage oder zwei Wochen vorher noch gescherzt und gelacht hatte, ohne Kopfhaut und von Fliegen umsummt im Dunkel der Urwaldschluchten aufzufinden.
Tecumseh unternahm zweimal in der hereinbrechenden Nacht Scheinangriffe auf das Lager. Er ließ eine Salve gegen die Abendfeuer hin abgeben, er ließ seine Krieger heulen, daß den Weißen sich die Nackenhaare sträubten, daß sie zitternd oder auch entschlossen zu Gewehr und Kugelbeutel griffen, denn natürlich waren die meisten zwar widerspenstig, aber doch keine Feiglinge.
Kurz, van Rensselaer begriff, daß er nun Ernst machen mußte.

Sein Plan war, von Fort Niagara aus in der Nacht eine Streitmacht auf Booten in den Ontario-See hinauszuschicken, die Fort George weit umfahren, auf der kanadischen Seite westlich von ihm landen und es von der Landseite her angreifen sollte, während die schweren Kanonen des Forts Niagara die britische Festung unter Feuer nehmen würden. Gleichzeitig wollte er selbst von Lewistown her nach Queenston übersetzen, während eine dritte Abteilung von Black Rock aus Fort Erie angreifen sollte. Van Rensselaer hatte sechstausend Mann; jede seiner drei Abteilungen wäre also der gesamten englischen Heeresmacht, die hier am Niagara ganze fünfzehnhundert Mann stark war, überlegen gewesen. In Wahrheit waren die Engländer ja aber auf vier Posten verteilt. Eine energische Durchführung dieses Planes hätte daher die sichere Vernichtung der Briten bedeutet.
Aber in Black Rock kommandierte General Smyth. Das war ein Offizier der regulären, der sozusagen amtlichen Armee der Staaten. Er war der Meinung, daß das Oberkommando am Niagara eigentlich ihm zugestanden hätte und nicht solch einem Milizgeneral van Rensselaer. Infolgedessen hielt er den guten Kriegsplan van Rensselaers für kindisch. Er schlug vor, mit der gesamten Armee Fort Erie anzugreifen, und als van Rensselaer nicht darauf einging, da wurde der Untergeneral Smyth böse und blieb in Black Rock, drehte Däumchen und dachte: es geschieht dem Esel Rensselaer ganz recht, wenn er in sein Verderben rennt, warum tanzt er nicht nach meiner Pfeife!
Van Rensselaer aber, statt ihn vor ein Kriegsgericht stellen zu lassen, ließ ihn in Black Rock herumwursteln, bekam Zweifel an seinem guten Plan, holte also auch die Leute aus Fort Niagara nach Lewistown und wollte nun mit allem, was er hatte, Queenston angreifen. Aber die Truppen aus Black Rock bekam er nicht, denn auch jetzt bockte Smyth. Glücklicherweise war der in Fort Niagara Kommandierende froh, daß man ihm die Verantwortung abnahm. Und so sammelten sich denn viertausend Republikaner in Lewistown.

Tecumseh fand, daß es wichtiger war, wenn er sich drüben bereithielt. Er setzte über den Strom und schickte General Brock Nachricht. Leider aber hielt Sir Isaak die Amerikaner für tüchtiger, als sie waren. Und als er einige Tage gewartet hatte und die Feinde nicht kamen, da dachte er, daß sie ihren Plan wohl geändert hätten, und so schickte er die Truppen, die er bei Queenston zusammengezogen hatte, wieder nach Tschippewa und Fort George, denn er mußte ja auch diese Punkte sichern, und ließ nur etwa dreihundert Mann in Queenston. Leider sollte sich das bitter rächen.
Denn die Amerikaner hatten keine neuen Pläne gefaßt, es ging bloß nicht so schnell, wie es unter Brock gegangen wäre. Aber am 10. Oktober gegen Abend war es doch so weit. Leutnant Sim erhielt den Befehl über die Vorhut. Dreitausend Mann marschierten stromaufwärts. Sim sollte mit einem etwa vierzig Mann fassenden Boot über den Strom setzen und drüben eine brauchbare Landungsstelle ausfindig machen. Danach sollte er zurückkehren und die übrigen ans jenseitige Ufer setzen. Leutnant Sim ließ also vierzig Ruder in das Boot schaffen und fuhr unerschrocken los. Vom Süden war der brüllende Donner der beiden Fälle zu hören, es regnete leicht, dazu peitschte ein Wind aus Süden – ideale Wetterverhältnisse für sein Unternehmen: Nun würden die Engländer wohl nichts merken.
Sim legte drüben an und teilte seinen Leuten mit, nun werde er erst einmal ein wenig kundschaften. Der Wald rauschte so schaurig schön, aber Sim trabte dennoch entschlossen davon und ward nicht mehr gesehen. Er verdrückte sich, er verduftete, er ging durch die Lappen. Offensichtlich war er der Meinung, es sei besser, sich einen weniger gefährlichen Beruf zu suchen. Leutnant war ja ein ganz hübscher Titel, freilich nur im Frieden, freilich nur dann, wenn die Feinde weit weg, die schönen Mädchen aber ganz nah waren. Jedenfalls erfuhr kein Mensch, was aus dem Leutnant Sim geworden war.
Die Stunden vergingen, der Regen fiel heftiger, der Wind fegte kälter, es wurde vier Uhr morgens. Auf der anderen Fluß-

seite bekam die Armee kalte Füße, feuchte Nasen und mächtige Schnupfen ... aber noch immer warteten alle treu und brav auf Leutnant Sim. Auch die vierzig Mann in seinem Boot warteten auf ihren obersten Kriegsherrn. Das Boot war fest vertäut. Es tropfte von den Hutkrempen. Allmählich machte sich eine gewisse Unruhe bemerkbar: Die ersten Flüche waren zu notieren.
Doch van Rensselaer gab es mit einemmal auf; er befahl die Rückfahrt. Aber wo waren die Riemen? Es waren keine da! Vierzig Riemen besaß die ganze Armee, vier für jedes Boot; mit jeder Fahrt hätte man also vierhundert Mann hinüberschaffen können, da zehn Boote vorhanden waren. Aber die Riemen hatte allesamt der Leutnant Sim mit ans andere Ufer genommen ...
Der General bekam so viel zu hören, daß er es vorzog, still und heimlich ins Lager von Lewiston zurückzugehen, nachdem er dem Obersten Christie den Oberbefehl übergeben hatte. Jetzt aber wurden die Amerikaner aufsässig: Sie folgten ihrem General ins Lager. Dort gossen sie sich zunächst einmal ordentlich einen auf die Nase – oder auch zwei und drei und mehr.
Auch die vierzig drüben auf der anderen Seite bekamen es schließlich mit der Wut, sie zerschnitten das Tau, griffen zu acht von den vierzig Riemen und fuhren zurück. So kam es, daß die erstaunten Engländer von den Höhen zu Queenston am Morgen des 11. Oktober eine Gesellschaft eifrig rudernder und laut fluchender Yankees auf dem Strom erblickten, die so zerknautscht und durchweicht aussahen, als seien sie direkt die Niagara-Fälle herabgekommen.
Das war das erste Unternehmen gegen Queenston.
Das zweite verlief ein wenig anders.

Kampf am Fluß

Die aufsässigen Soldaten van Rensselaers waren durch das Stehen im Regen natürlich noch aufsässiger geworden; es bestand die Gefahr, daß sie ihrem General nun wirklich durchgingen, und so ließ er sie nur eine Nacht ausschlafen und befahl dann eine Wiederholung des Versuches. Damit die richtigen Soldaten nicht auf die halbrichtigen eifersüchtig wurden oder umgekehrt, ordnete er an, daß immer eine gleich starke Abteilung von Regulären und von Milizsoldaten über den Strom gesetzt werden sollte.
Die Kanonen von Lewiston begannen die englischen Stellungen auf dem anderen Ufer zu bombardieren, wodurch die Briten rechtzeitig darauf aufmerksam wurden, daß die Amerikaner wieder einmal etwas vorhatten. Die Briten sahen die Boote, und ihre Kanonen begannen nun auch zu donnern. Da merkten die Amerikaner, daß es ernst werden solle. Und so »verirrten« sich von den sechshundert Mann, die unterwegs waren, mehr als dreihundert »nach stromabwärts«. In seinem Boot aber stand Oberst van Rensselaer, ein Bruder des Generals, und dieses Boot mit einigen anderen kam richtig drüben an. Oberst Christie, der in einem anderen Boot war, wurde schwerverwundet, worüber seine Leute teils traurig, teils froh waren, denn nun mußten sie ihn doch zum Arzt bringen. Da man aber mitten auf dem Niagara schlecht aussteigen kann, so fuhr das Boot zurück. Sechshundert waren ausgezogen, ganze zweihundertundfünfundzwanzig Mann brachte Oberst van Rensselaer hinüber. Er schrie und fluchte, als er die Bescherung erblickte, er spuckte Gift und Galle und brüllte seine Leute dermaßen zusammen, daß sie vor ihm bald mehr Angst hatten als vor den Engländern. Und so bezogen sie eine schnell ausgewählte Stellung direkt vor den ersten Häusern des Dorfes, Rensselaer aber schickte die Boote zurück, um Verstärkung zu holen.

Der Donner der amerikanischen Geschütze hatte nicht nur die englischen Kanoniere geweckt. Im Zeltlager zwischen Tschippewa und Queenston fuhr der Berglöwe aus dem Schlafe hoch, der dort lag, um im Falle der Not auch Erie schnell erreichen zu können. Im Fort erhob sich General Brock von seinem Lager. Er ritt am Strom längs, nachdem er dem Kommandanten des Forts George befohlen hatte, sofort mit allen Geschützen das amerikanische Fort Niagara zu beschießen.

War es nun endlich so weit? Kam es wirklich zur Schlacht, oder handelte es sich nur um einen Scheinangriff der Feinde? Brock wollte sich selbst überzeugen. Und außerdem war er der Meinung, ein General gehöre dorthin, wo gefeuert wird. Jetzt mischte sich auch der Vierundzwanzigpfünder ins Gefecht, gerade als Brock unterhalb der Anhöhe eintraf. Er trieb sein Pferd hinauf und erfaßte mit einem Blick die Situation. Nein, das war kein Scheinangriff, das war in der Tat die Schlacht. Drüben, etwas oberhalb von Lewistown, waren die Amerikaner soeben dabei, neue Verstärkungen über den Strom zu schaffen. Er sah auch diejenigen, die sich bereits am Strand festgesetzt hatten und zugleich sah er, daß just in diesem Augenblick die Besatzung von Queenston sich mit dem Bajonett auf diese Yankees stürzte.

Er wartete den Ausgang dieses Angriffs nicht ab.

»Habt Ihr ein Pferd hier, Chandler?« rief er dem Offizier zu, der auf Brauns Vorsprung befehligte. »Setzt Euren besten Reiter darauf! Befehl an General Sheaffe: Er soll sofort mit allen seinen Leuten in Eilmärschen herkommen. Der große Angriff der Amerikaner hat begonnen. Ihr selbst, Chandler, laßt zwanzig Mann hier bei der Kanone und folgt mir so rasch wie möglich nach Queenston.«

Der Leutnant sandte den Reiter ab; dann ließ er seine achtzig Kanadier sich bereit machen. Sie packten ihre Patronen und ihr Pulver zusammen. »Jetzt ist es soweit, Jungens!« schrie er. Sie hasteten hinter Brock her, während oben der große Vierundzwanzigpfünder immer wieder dumpf bellend seine

Eisenkugeln gegen die übersetzenden Boote der Yankees spie. Brock kam auf seinem rasenden Ritt auch an Vroomans Vorsprung vorbei, wo ein leichtes Geschütz unter Bedeckung von zehn Mann aufgefahren war und gleichfalls die Feinde unter Feuer nahm. »Schießt, Jungs, schießt, was die Rohre halten!« schrie Brock hinauf und schwenkte seinen Hut.
Als er sein keuchendes und dampfendes Pferd durch Queenston lenkte, das ausgestorben schien, da alle Einwohner landeinwärts auf die Höhen und in die Wälder geflüchtet waren, hörte er endlich das Musketenfeuer ganz nahe. Doch nur die Engländer feuerten, die Amerikaner schossen nicht zurück. Die beiden Kanonen grollten, und von dem Hügel, der an dieser Stelle das Dorf und den Stromübergang beherrschte, rollte das schwere Schüttern des dort oben in Stellung gegangenen Achtzehnpfünders.
Der General galoppierte durch das Dorf und auf dem breiten ausgefahrenen Weg zum Lagerplatz hinab, und da erblickte er nun seine Leute, etwa hundert Mann von seinem eigenen Regiment. Sie hatten die Amerikaner aus ihren ersten Verschanzungen geworfen und gegen Süden unter das Steilufer gedrängt. Dort war der Feind freilich gut geschützt und – da der Zugang nur schmal war – so gut wie unangreifbar.
Doch über den Fluß kamen zehn oder zwölf voll bemannte Boote herüber, und gegen sie ließ Leutnant Fitzgibbon seine Gewehre richten. In dieser Kompanie wurde nur irisch gesprochen, und man mußte sie vom Rest des Regiments fernhalten, denn die Männer mochten die Engländer nicht; nicht wenige haßten sogar alles, was überhaupt englisch war. Aber sie waren hervorragende Soldaten. Als die Yankees gelandet waren, hatte Fitzgibbon nicht abgewartet, bis er alle seine Leute beisammen hatte; er war mit fünfzig Mann vorgegangen, obwohl der Gegner mehr als viermal so stark war; die Iren hatten eine Salve abgegeben, dann die Bajonette aufgepflanzt und sich den Amerikanern entgegengeworfen, die ihr Heil in der Flucht suchten.
Fitzgibbon schrie: »Auf! Setzt ihnen nach!« Doch van Rens-

selaer hatte am Ufer eine Reserveabteilung zurückgelassen. Er gab den Befehl zum Feuern. Im Nu hatten die Iren vier Tote und ein Dutzend Verwundete. Fitzgibbon brüllte greuliche Flüche. Seine Leute gingen in Deckung. Dann nahmen sie den Kampf wieder auf, und zwar gegen die amerikanischen Einsatztruppen, die der schwerverwundete Christie und der andere Rensselaer, der General, vom jenseitigen Ufer herüberschickten. Fünfhundert Mann kamen an. Es war mittlerweile hell geworden, so daß sie sich nicht verirren konnten.

All dies überschaute Brock mit einem Blick. Fitzgibbon berichtete ihm in drei Sätzen, was passiert war und wie viele Yankees unter dem Steilhang kauerten. »Ich kann hier keinen Mann entbehren, Sir, sonst würde ich zwanzig hinaufschicken.«

Der General erwiderte lediglich: »Es ist gut, Leutnant. Ich hole Hilfe.«

Brock trieb sein Pferd die Anhöhe hinauf, die Queenston beherrscht. Er sah nicht mehr, was hinter ihm geschah. Denn den Leutnant Fitzgibbon ärgerte der Major de Haren, der die Seele des amerikanischen Mutes in den Booten war; er schrie seinen Iren zu, sie sollten sich den Major vornehmen. Der war nun ganz nahe am Strande. Die Iren legten an, auch ihr Leutnant schoß, und der Major fiel vornüber in das Wasser. Zwei Amerikaner waren ihrem Führer nachgesprungen, holten ihn heraus und zogen ihn an Land. Am Strand stand immer noch, den Iren unsichtbar, Oberst van Rensselaer, die Yankees gerieten auch in Hitze. Rensselaer dirigierte die Boote unter den Steilhang, wo sie Deckung gegen die Iren hatten, und so ging schließlich die Landung in aller Ordnung vor sich. Er schickte die Boote sofort wieder zurück, gab ihnen die Verwundeten mit, auch den Major de Haren, er selbst blieb, obwohl er ebenfalls schon verletzt war.

General Brock war inzwischen bei dem Achtzehnpfünder angelangt. Dort oben hatte eine leichte Kompanie des Neunundvierzigsten ihre Stellung bezogen, und außerdem war bei

ihnen eine etwa hundertundzwanzig Mann starke Abteilung Miliz. Sie schossen mit Musketen gegen die Yankees, aber die Entfernung war viel zu groß.
Brock ritt bleich vor Wut bis vor die Linie, befahl das Feuer einzustellen, schenkte dem meldenden Offizier kaum einen Seitenblick, ließ die ganze Gesellschaft antreten, die beim Anblick ihres Generals aufatmete; er ließ ein Dutzend Mann bei dem Geschütz, befahl den Kanonieren genau zu zielen und vor allem die Boote unter Feuer zu nehmen, und schickte dann die übrige Streitmacht, etwa zweihundert Mann, im Laufschritt den Hang hinunter, Fitzgibbon zu Hilfe. Er selbst blieb auf der Höhe.
Aber bei den Amerikanern befehligte an diesem Tage kein General Hull. Oberst Rensselaer hatte die geringe Zahl der Engländer erkannt. Er rief Hauptmann Wool heran, der so kaltblütig und beherrscht war wie sein Oberst, und befahl ihm, mit sechzig Mann die Höhe zu ersteigen und das Geschütz unschädlich zu machen, das mit seinem Donnern und Krachen den Amerikanern mehr Angst einjagte als das hier viel gefährlichere Musketenfeuer. Rensselaer verlangte sofortige Nachricht über den Erfolg des Unternehmens, und Hauptmann Wool stieg bergauf, bevor noch Major de Haren die ersten Verstärkungen über den Strom führte.
Es war das tragische Verhängnis dieses Tages, daß General Brock eine Viertelstunde zu früh auf dem Hügel ankam. Von hier konnte er den Kampf an der Landestelle, die Überfahrt der Boote und auch die Vorbereitungen der Amerikaner am anderen Ufer beobachten. Nun hatte er alles getan, was nötig war.
In absehbarer Zeit mußte Tecumseh mit seinen Kriegern eintreffen. Leider hatten die Indianer keine Pferde, denn Blaujacke hatte die Krieger in Kanus über den See gebracht. Aber der Shawano war unterwegs, das wußte Brock. Und in zwei Stunden konnte Sheaffe mit etwa sechshundert Mann zur Stelle sein.
Noch vor ihm würde Chandler mit seinen Milizen von

Brauns Vorsprung her unten am Dorf eingreifen. In Tschippewa freilich konnte man wegen des Gebrülls der Fälle den Kanonendonner nicht hören, aber dorthin war gleich bei Beginn des Kampfes ein Bote zu Pferde geschickt worden.
Es blieb nun nichts übrig, als einen kühlen Kopf zu bewahren. Auf diesen Tag hatte Brock sich sechs Wochen lang vorbereitet. Er wußte, daß der Feind in der Überzahl war, aber er wußte auch, daß seine Soldaten besser waren als die Amerikaner, und er hoffte, daß er der bessere Führer sein würde. Endlich, endlich war der Tag da! Nun kamen auch seine beiden Adjutanten, Oberstleutnant Macdonell, ein Bruder des Kaplans, und Hauptmann Glegg, den Hügel heraufgeritten. Brock rief Glegg zu, nach Tschippewa weiterzureiten: »Befehl an Major Holcroft: Er soll sofort mit der gesamten Besatzung von Tschippewa in Eilmärschen hierherkommen. Dies ist der große Angriff, auf den wir warteten.«
Der General aber ritt an das Geschütz heran und gab Anweisung, nun das jenseitige Ufer unter Feuer zu nehmen, denn dort drüben marschierten neue Abteilungen der Amerikaner an den Strand hinab, um einzusteigen, sobald die Boote zurück waren.
Brock war noch damit beschäftigt, dem Artillerieoffizier das Ziel genau anzugeben, als er rechts von sich, halb von der Landseite her, ein verworrenes Geräusch hörte; gleich darauf hörte er wildes Schreien und sah mit Entsetzen eine starke Abteilung von Amerikanern heranlaufen. Sie war den paar Mann hier oben vielfach überlegen.
Brock wandte sein Pferd zur Flucht, ein paar Soldaten schossen, das gab drüben eine kleine Stockung, und dann stürzte alles in wilder Hast den Hang hinunter. Der General schickte Macdonell voran, er solle die leichte Kompanie, die er soeben hinuntergeschickt hatte, sofort zurückbeordern. Der Oberstleutnant hieb auf sein Pferd ein und jagte hinunter, während Brock mit den Soldaten gleichen Schritt hielt und ihnen Mut zusprach.
Aber ihn selbst hatte das Entsetzen gepackt. Wie war es mög-

lich, daß die Yankees von dieser Seite kamen? Waren sie weiter oben auch noch gelandet? Aber das war nicht möglich, dort waren die Schnellen und Wirbel im Strom, dort waren die Steilufer. Also war der Weg von der Landungsstelle auf den Hügel nicht bewacht worden, der schmale Pfad, vor dem Tecumseh gewarnt hatte! Wo nur die Roten blieben! Jetzt wurde es Zeit, daß sie kamen!
Wenn es nicht gelang, die Höhe wiederzunehmen? Wenn die Yankees Verstärkungen hinaufschickten? Er blickte zurück. Sie tanzten dort oben um die Kanone herum, statt zu verfolgen.
Aber Hauptmann Wool tanzte nicht, wie Brock glaubte. Er wußte, daß die Engländer wiederkommen würden, und er hielt es für zwecklos, Zeit mit der Verfolgung der paar Mann dort zu verschwenden. Wool, von Beruf Farmer (und vor noch gar nicht allzu langer Zeit Holzfäller und Hinterwäldler) ließ ein paar Bäume fällen und aus den Ästen und Zweigen einen Verhau errichten.
Und dann kamen sie auch schon. Macdonell hatte die leichte Kompanie kehrtmachen lassen, schickte nur die Milizen ganz zu Fitzgibbon hinunter, Brock ritt vor die Front, da oben seien ein paar Yankees zu viel, schrie er. Sie rückten vor, indes Brock sich die Amerikaner betrachtete. Dann sprang er ab, Macdonell tat sofort dasselbe, sie gaben ihre Pferde einem der Kanoniere in Verwahrung, der Artillerieleutnant nahm die übrigen Kanoniere unter seinen Befehl – und dann stiegen alle keuchend den Hang wieder hinauf, den sie soeben hinuntergelaufen waren.

Der tote Freund

»Wir sind mehr als sie, und wir sind besser als sie«, rief Brock. Er trug seinen Generalshut und seine Generalsschärpe, er hatte seinen Degen gezogen, seine Uniform leuchtete, und die Soldaten sahen ihren General unter sich, nein, vor sich. Es war ganz so, wie man es auf alten Bildern sehen kann, der Offizier mit ausgestrecktem Degen an der Spitze seiner Leute, und es kam leider auch so, wie man es meistens auf solchen Bildern sieht.

Die Amerikaner ließen sie herankommen und begannen dann zu feuern.

»Seht ihr den Offizier? Schießt auf den Offizier!« brüllte Hauptmann Wool, und er meinte Brock.

Der General sah, als er nun selbst seinen Leuten befahl, sich für die Salve fertig zu machen, hinten noch weitere Amerikaner die Höhe heraufkommen. Aber die Linie stand, der General gab die Befehle, sie hoben die Musketen, neunzig Musketen krachten. Brock befahl, das Bajonett aufzupflanzen, und dann befahl er Laufschritt und sprang wieder vor die Front. Alle folgten, alle liefen vor, mit Keuchen und Gebrüll, und auch der General brüllte mit, sein Haar war verschwitzt wie das der Soldaten.

In diesem Augenblick hörten die Amerikaner und die Engländer einen neuen Laut, die Amerikaner packte das kalte Entsetzen, die Engländer aber brüllten lauter, und es war Triumph in ihrer Stimme, Brock schrie hell und gellend: »Seht, da kommt Tecumseh!« Und da brach er wirklich aus dem Gebüsch. Er setzte Blaujacke gegen die Ankömmlinge an, er selbst warf sich mit seinen »Hunden« – er hatte in diesen letzten Tagen dreißig neue Krieger in den Bund aufgenommen – gegen Hauptmann Wool, und das Kriegsgeheul der Shawanos und Menonimis ließ den Yankees die Haare zu Berge stehen. Sie wollten ausreißen, und sie wären ausgerissen, wenn

nicht Hauptmann Wool dagewesen wäre; er brüllte: »Den General, schießt auf den General!«
Wieder prasselten Schüsse, die Engländer waren nun nahe heran. Tecumseh hörte die Salve, sah hinüber zu den anstürmenden Inglismon, auch er sah Brock, und mitten im Sprung hielt der Berglöwe an, mitten im Schrei brach ihm die Stimme entzwei, denn er sah, daß der General die Arme hochwarf, er sah, daß er taumelte und zu Boden brach, er hörte einen Schrei, einen einzigen Schrei aus den Reihen der englischen Soldaten, sie schrien alle auf, aber das war kein Hurra und kein Triumph.
Hauptmann Wool jedoch sah die Verluste bei seinen Leuten, sah, daß die Verstärkung hinter ihm Mühe hatte, sich gegen die Indianer zu halten, sah die Verwirrung, die Bestürzung bei den Engländern, jetzt war es Zeit! Kaltblütig gab er seine Befehle, und die Yankees ließen die Kanone stehen, machten kehrt, wandten sich gegen Blaujacke, der sofort zurückfiel, und vereinigten sich mit den anderen, nahmen eine neue Stellung weiter oben auf dem Gipfel ein.
General Isaak Brock aber lag im Grase, und rechts neben ihm kniete mit verstörtem Gesicht und fassungslos sein Adjudant Macdonell, links neben ihm aber der Shawano Tecumseh, den sie den Berglöwen nannten. Er starrte seinem weißen Freunde in das Gesicht, dem ersten weißen Mann seit langer Zeit, der ihn niemals betrogen und belogen hatte, und dieser Mann war tot. Der Indianer hatte schon zu oft in das Gesicht getöteter Menschen geblickt, um nicht zu wissen, daß hier keine Rettung und keine Hoffnung war, daß alles schon vorbei war.
Der Shawano dachte an seine Pläne. Was nun? Was gingen ihn die Amerikaner jetzt noch an? Was ging es ihn an, ob sie heute in den Niagara zurückgetrieben wurden oder nicht? Was kam es auf diese hundert oder hundertundfünfzig Mitschi malsa an?
General Brock war tot. War auch der Traum von den Vereinigten Ratsfeuern der Erdgeborenen tot?

Er war sein Freund gewesen, aber Tecumseh hatte schon viele Freunde geopfert in diesen Kriegen an der Grenze, seine Trauer um den adligen Mann war groß, aber er wußte auch, daß im Kriege das Leben der Männer nicht gewogen wird, sondern nur der Sieg und die Niederlage. Größer als seine Trauer und stärker als sie war die Furcht vor der Erkenntnis, daß nun sein Ziel in nicht mehr zu erreichende Ferne gerückt war.

Tecumseh saß im Grase und starrte auf den Toten, rührte sich nicht und hing seinen Gedanken nach. Längst ging die Schlacht weiter.

Oberstleutnant Macdonell hatte das Entsetzen über den Tod seines verehrten Vorgesetzten, der auch ihm wie ein Freund gewesen war, obwohl er doch zu den katholischen Schotten gehörte, überwunden und den Befehl über die Musketiere übernommen.

Die Amerikaner hatten sich auf den Gipfel der Anhöhe zurückgezogen und versuchten in aller Eile, eine Befestigung herzustellen. Da die Indianer, die Tecumseh vermißten, abzogen, um ihn zu suchen, waren sie eine Zeitlang ungestört. Von Brauns Vorsprung aus traf jetzt Leutnant Chandler mit achtzig Milizsoldaten unten in Queenston ein, Macdonell bemerkte den Trupp, schickte den Befehl, sich ihm anzuschließen und griff dann den Feind auf der Höhe erneut an. Dabei wurden der Führer der Leichten Kompanie schwer und bald darauf Macdonell tödlich verwundet. Hauptmann Wool nutzte die Verwirrung aus, die bei den Engländern entstand, machte einen Gegenstoß und warf sie ganz von der Höhe hinunter.

Tecumseh sucht die Einsamkeit

Tecumseh hatte noch während dieser Kämpfe von seinen Indianern eine Tragbahre anfertigen und den toten General in das Tal tragen lassen. Dicht dahinter ging mit gesenktem Haupt der Häuptling der Shawanos. Dann kamen die Krieger, Adlerfedern im Haar, den Tomahawk in der Faust, halbnackt, mit bunt bemalten Gesichtern. Sie gingen schweigend, auch sie mit gesenkten Häuptern. Sie sahen die tiefe Trauer, die Niedergeschlagenheit, den tödlichen Ernst auf dem Antlitz, in allen Bewegungen ihres Häuptlings, und sie ahnten dumpf, daß sie eine Hoffnung ihres Volkes zu Grabe trugen. –
Es war erst zehn Uhr morgens, und die Schlacht schien für die Amerikaner gewonnen. Sie hatten nur nötig, über den Strom zu kommen und die Anhöhe in Besitz zu nehmen. Noch zweitausendfünfhundert Mann waren drüben, aber wie sehr General van Rensselaer auch fluchte, befahl und bat, er brachte nur dreihundert über das Wasser. Die anderen weigerten sich. »Die Indianer oder der Anblick der Verwundeten oder der Teufel oder sonst irgend etwas hatte sie versteinert. Sie waren nicht von der Stelle zu bewegen. Kein Regiment, keine Kompanie, kaum ein Mann gehorchte, niemand stieg in die Boote«, so schreibt einer, der dabei gewesen war. Sie ließen ihre Kameraden einfach im Stich.

Es war erst zehn Uhr vormittags. Etwa eine Stunde später traf General Sheaffe von Fort George ein. Er machte mit den dreihundertundfünfzig Regulären und etwa dreihundert Milizsoldaten einen Umgehungsmarsch, vereinigte sich mit der Abteilung, die von Tschippewa heraneilte, erstieg die Höhe im Rücken der nichtsahnenden Amerikaner, ordnete seine Soldaten und griff von zwei Seiten zugleich an.

Es gab nur einen kurzen, aber sehr heftigen Kampf; ein Teil der Amerikaner wurde in den Fluß getrieben. Die Engländer waren erbittert, denn sie hatten nun alle längst gehört, daß

Brock gefallen war. Es kostete ihre Offiziere viel Mühe, sie von einem Gemetzel abzuhalten, denn die Amerikaner wollten sich ergeben. Ermüdet von den Aufregungen des Tages, empört über ihre Landsleute, die am anderen Ufer saßen und zu feige gewesen waren, zu ihnen zu stoßen, hatten sie keine Widerstandskraft mehr. Etwa tausend Mann fielen in die Hände der Engländer. Der letzte Kampf hatte kaum eine halbe, die Übergabe kaum eine Stunde gedauert. –

Um diese Zeit war Tecumseh mit allen seinen Kriegern schon längst auf dem Marsch nach dem Westen, nach dem Erie-See. Der Krieg ging ihn nichts mehr an. Sie hatten ihre Zelte abgebrochen, und nun zogen sie durch den herbstlichen Wald, in die allmählich untergehende Sonne hinein. Sie wanderten, wie Indianer zu wandern gewohnt waren, in langer Linie, einer hinter dem anderen. An der Spitze ging Blaujakke, und Tecumseh duldete es. Er selbst befand sich etwa in der Mitte des Zuges.

Häher kreischten in den Kronen, und je mehr der Abend sich näherte, um so stärker meldeten sich die heimlichen Stimmen des Waldes. In der Dämmerung schlugen sie an einem Bach ihr Lager auf. Die »Hunde« gingen auf die Jagd. Puchte-thai schoß einen feisten Truthahn, briet ihn und brachte ihn schweigend seinem Vater.

Tecumseh blickte auf, sah seinen Sohn lange an, lächelte und begann zu essen. Die »Hunde« hatten sich bang um ihn gesammelt. Staunend sahen sie, daß sein Gesicht sich von neuen Flammen belebte, daß aus Augen, Mund und Kinn wieder die alte Kühnheit sprach. Der Berglöwe gab den Kampf nicht auf. Aber sie ahnten nicht, wie Tecumseh in Wahrheit zumute war. Er übergab an diesem Abend noch den Befehl über die Abziehenden an Blaujacke, nannte ihnen das Ziel ihres Marsches und erklärte, er wolle mit Puchte-thai und dem Shawano Rabenkopf allein eine Reise im Kanu machen.

Die Indianer verstanden sofort, daß der Berglöwe Ruhe und Einsamkeit suchte, um sich mit seinem Herzen zu beraten und Kitschi Manitu zu befragen.

Als das Kanu unter den überhängenden Zweigen der Uferweiden hervor in den See schoß, erhob sich ein leichtes Brausen, das schnell anschwoll zu einem Sturm, der die Scharen der Wasservögel in Schwärmen aufscheuchte. Enten rätschten, Wildgänse schrien, Kraniche trompeteten. Die Luft schwirrte von den harten Flügelschlägen der Zehntausende, die regellos durcheinanderjagten und sich dabei doch schon zu den gewohnten Zügen zu vereinigen suchten.
Die drei Indianer im Boot paddelten gleichmäßig. Sie waren an die ungeheuren Massen der gefiederten Völker gewöhnt, so daß sie ihnen gar keine Beachtung schenkten. Jetzt war die Zeit zum Rückflug aus den Steppen, Sumpfmooren und Tundren des Nordens. Der Winter nahte, das Laub von Ulme und Ahorn flammte in den Farben des Herbstes, Hirsch, Elch und Bison wichen vor den kommenden Stürmen der eisigen Jahreszeit aus und wanderten in den Süden ab. Über den trabenden, springenden oder verweilenden Herden des Wildes flogen in Myriaden die Jungvögel. Der kurze warme Sommer der nordkanadischen Ebenen war zu Ende. Nun gab es kein Bleiben mehr in den Moortümpeln am Ufer der riesigen Hudsonbay, auf den Schilfinseln des Großen Sklaven- und Bärensees, im Röhricht des gewaltigen Mackenziestroms, im Schutz der Zweige von Balsamflechten und Hemlocktannen am Athabaska und Wollaston, auf den spiegelnden Seen und Teichen von Manitoba ... Nein, jetzt rief und lockte der warme Süden mit zauberischer Macht.
Überall aber trollten die Knaben der Abitibis und Micmac und Abnakis, der Maskegon und Nenenot, der Tschippewa und Ottawa und Pottawatomis, der Miamis und Dakota mit Pfeil und Bogen, mit Speer und Vogelschlägern und machten Fleisch für den Winter. Die Frauen und Mädchen wiederum schlugen in den Maisfeldern und Sonnenblumengärten der Dörfer die Wildtauben zu Hunderten mit Knüppeln tot, während die Männer Bison und Hirsch jagten – und doch wurden die Wildrudel nicht kleiner, die Vogelschwärme nicht spärlicher. Der gute Geist Nanabozho sorgte für sein Volk.

Schon seit Tagen glitten die drei Indianer in ihrem Rindenkanu durch das flatternde Vogelgetier. Zwei der Krieger hielten je ein kurzblätteriges Paddel aus leichtem Pappelholz in den Händen. Damit trieben sie das dünnwandige Boot in raschen und kraftvollen Schlägen über das Wasser hin und munterten sich dabei durch einen hellen Singsang gegenseitig auf. Vor ihnen saß ihr Gefährte. Auch er hatte ein Paddel zu seinen Füßen liegen, doch da sie zu dritt waren, beteiligte er sich nicht, denn die Indianer kannten das Doppelblatt-Paddel nicht, und mit dem Einmann-Paddel abwechselnd rechts und links zu arbeiten, wäre eine zu große Kraftanstrengung gewesen. Die Männer lösten sich lieber nacheinander ab.
Abends gingen sie an Land, bereiteten aus Laub und trockenen Zweigen ein Lager und wölbten ihr Kanu wie ein Zelt darüber, indem sie die eine Seite mit den drei Paddeln stützten. Die Jäger brannten ein Feuer an, aber sie warfen, kaum war der Braten gar, grüne Zweige feuchten Holzes in die Glut, so daß der beißende Rauch in dichten Schwaden emporstieg. Denn der Abend war mild, und Wolken von Stechmücken, Moskitos und Fliegen flirrten aus den Ufergebüschen und Auwäldern. Die drei roten Jäger jedoch rieben sich mit Bärenfett ein, das mit einer stark riechenden, getrockneten und zu Staub zerstoßenen Pflanze vermischt war. Sie ließen keine Stelle ihres Körpers von der schützenden Salbe frei. Bärenfett und Holzrauch hielten ihnen die Plagegeister fern. Das Boot war von einer wimmelnden, krabbelnden Schicht Mücken und Fliegen jeder Größe bedeckt. Die Tierchen stürzten sich auf den noch dampfend heißen Braten, und bei jedem Bissen, den die Männer in den Mund schoben, mußten sie zuvor mit der freien Hand die darauf sitzenden Insekten fortwedeln.
Nach dem Essen hielten die drei das große Büffelfell in den Rauch, damit die dicken Qualmschwaden sich darin festsetzen konnten. Neben dem Feuer häuften sie noch große Mengen grüner belaubter Zweige auf, und dann legten sie sich unter dem Kanu zur Ruhe. Alle drei wickelten sich in das Bi-

sonfell und schliefen, bis die aufgehende Sonne sie weckte. Sie sprangen in den Fluß, wuschen sich, schwammen eine kurze Strecke, rieben dann ihre Körper wieder sorgsam mit Bärenfett ein und waren wenige Minuten später schon von neuem in ihrem Boot unterwegs, noch bevor die Mücken und Stechfliegen sich von der Kühle der taufeuchten Morgenfrühe erholt hatten.

An einem späten Vormittag fuhren sie in ein breites Gewässer ein. Ihre Reise ging nun nach Westen. Geduldig und unermüdlich paddelten sie die zahllosen Windungen des Flusses hinauf, trugen ihr Kanu über Schnellen und Sandbänke, denn allmählich wurde die Landschaft hügelig, fast gebirgig. Einmal stoppten sie ihr Kanu. Der Mann, den die beiden anderen als ihren Führer anerkannten, sprang an Land und schnitt mit seinem Messer einen Armvoll hochstengeliger Pflanzen mit seltsam zerrissenen, rauhen, blaugrünen Blättern ab; er reichte sie seinen Gefährten, und alle drei befestigten am Rande des Bootes kleine Bündel der Pflanze. Dann ging er noch einmal zurück ans Ufer, kehrte mit einer neuen Fracht der gleichen, fast einen halben Meter hohen Pflanze wieder und warf die ganze Last in die Spitze des Bootes. Die Mückenwolken hoben sich, wie von einem Windstoß erfaßt, höher in die Luft, und als die Männer nun weiterglitten, da teilten sich die surrenden Schwärme vor der Duftwolke, die aus dem Kanu emporstieg, als würden sie von einer unsichtbaren, großen Hand beiseite geschoben.

Später hob sich ein niedriger Bergrücken blau verdämmernd in den Abend, sie mußten ihr Boot tragen. Unverdrossen erstiegen sie die flache Wasserscheide, sorgfältig darauf bedacht, von der kostbaren Fracht der Schutzpflanze nichts zu verlieren. Sie wanderten zwei Tage durch lichten Eichenwald, und nur von Zeit zu Zeit hörten sie über den Kronen der uralten Bäume das metallene Gellen ziehender Kraniche, die Trompetenstöße der Schwäne und die Rufe der Wildgänse.

Der Wald lichtete sich, sie hatten den Höhenzug überwunden, sie stiegen bergab, die Bäume traten zurück, und nun lag

eine kleine Prärie vor ihnen: in flachen Wellen breitete sich die fast baumlose Ebene vor ihnen aus, in weißlichem Schimmer strahlten die Flockenblüten des Büffelgrases über dem dunkelgrünen Gewirr der starren, wogenden, im Winde sich neigenden Halme.
Ein Bach trug sie in raschem Gefälle nach Südwesten in einen großen, breit dahinziehenden Fluß, der zwischen hohen, vielenorts unterwaschenen Steilufern nach Norden eilte. Sie hatten ihr Kanu kaum einen halben Tag auf ihm dahingleiten lassen, als ihnen von einer in die Strömung vorspringenden Landzunge ein rauher Ruf entgegenhallte. Sie hoben die rechte Hand zum Friedensgruß, indem sie die leere, waffenlose Handfläche dem Rufer zukehrten, und fuhren dann auf ihn zu, der aus seiner Deckung hervortrat, in das Wasser hinauswatete und die Spitze des Bootes auf den kiesigen Strand zog.
Der Fremde war hochgewachsen wie die drei Männer im Boot, seine Kleidung bestand aus Beinkleidern und Mokassins, aus Gürtel und Lendentuch wie die der Kanufahrer, und gegerbte Hirschfelle hatten auch bei ihm das Material dafür geliefert. Sein Blick suchte an den Stickereien aus Stachelschweinsborsten, an den farbigen Streifen auf den Leggins und Mokassins der Ruderer ihre Stammeszugehörigkeit zu erkennen; er sah, daß Gesicht und Körper der Ankömmlinge nicht mit den Farben des Krieges bemalt waren; auf ihrem Gesicht lag ein leichtes ruhiges Lächeln, sie ließen die Musterung gelassen über sich ergehen.
Dann aber sagte Tecumseh, der vorn im Kanu saß:
»Der junge Krieger der Ottawa hat noch keinen Shawano gesehen. Er erlaube uns, das Land seines Volkes zu betreten, damit wir die Pfeife des Friedens mit ihm rauchen.«
Der Indianer am Ufer errötete so sehr, daß sein Gesicht dunkel wurde vor Scham. Wie hatte er die Haartracht der Fremden übersehen können! Tecumsehs Worte waren an ihn gerichtet gewesen, aber das Auge des Shawano haftete an einem Erlengebüsch auf halber Höhe des Ufers, und er gab

kein Zeichen der Überraschung zu erkennen, als von dort nun eine tiefe Männerstimme ihm zurief:
»Tecumseh ist willkommen in den Zelten der Ottawa. Schneller als sein Kanu war die Kunde bei uns von dem Siege, den er über die Mitschi malsa an den Donnernden Wassern erfochten hat!«
Der Jüngling am Ufer brach in einen Ruf der Überraschung und Ehrerbietung aus. Ein älterer Krieger, den der Shawano sofort mit seinem Namen anredete, trat aus dem Erlengebüsch. Es war einer von denen, die damals bei Mitschillimackinack dabei gewesen waren. Es gab eine kurze Unterredung, dann riet Tanaka, der vorhin Tecumseh erkannt hatte, den Kanufahrern, sie sollten den Fluß bis zu einer Fichtengruppe hinunterpaddeln und dort bis zum Anbruch der Dämmerung warten. Dann wolle er die Shawanos in ihr Dorf führen.
Die Ruderer bestiegen wieder ihr leichtes Boot und ließen sich den Fluß hinuntertragen. Sie fanden ohne Mühe die Baumgruppe, zogen ihr Boot an Land, entluden es, trugen es an eine höhergelegene Stelle, an der es vor Überschwemmungen sicher war, drehten den Kiel nach oben und schoben es zwischen einige dicht nebeneinanderstehende junge Bäume.
Der Jüngste der Indianer hatte bisher schweigend geholfen, obwohl er mehrfach zum Reden angesetzt hatte. Als sie nun aber ihre wenigen Gerätschaften, ihre Waffen und die Bisondecke holten und auf den Hügel trugen, da konnte Puchtethai nicht mehr an sich halten.
»Ich habe gesehen«, sagte er bescheiden, »daß das Kanu nicht vom Winde bewegt werden, daß der Regen nicht in seine Höhle fallen kann. Nun möchte ich wissen, warum Tecumseh das Boot nicht besser versteckt. Fremde Krieger werden das Boot finden und stehlen.«
Tecumseh hatte in den Tagen dieser Reise zu seinem alten Gleichmut zurückgefunden. Die stille und milde Luft des Indianersommers, die klar und blau über den endlosen Wäldern stehende Glocke des Himmels, das Leben der Jagd und

des Fischfangs hatten Geist und Gemüt des Verbitterten aufgehellt. Er war wieder der alte geworden, und fast hatte er etwas wie Glück empfunden, wenn er in dem leichten Boot lautlos die Flüsse seiner Heimat hinunterglitt, am Abend beim Lagerfeuer den selbst geschossenen Braten verzehrte und die Sterne in ewiger Schönheit herabschimmern sah. Nun brachte ihn die Frage seines jungen Sohnes in die Wirklichkeit zurück. Er blickte den Sprechenden lange Zeit mit einem Ausdruck an, in dem Trauer und Ingrimm miteinander kämpften. Puchte-thai wartete auf Antwort.

Tecumseh sagte: »Es ist kein weißer Mann in diesem Lande. Wir können unser Kanu ohne Furcht an der Stelle zurücklassen, die ich ausgewählt habe.«

Sie setzten sich zu dritt auf die Bisonhaut. Tecumseh ergriff sein Gewehr, prüfte sorgfältig die Ladung und legte es dann quer über seine Knie. Die Frage seines Sohnes hatte ihn tief erregt. Und schließlich brach der ernste, schweigsame Mann leidenschaftlich aus:

»Puchte-thai hat nur wenige Monate unter den weißen Männern oder mit ihnen gelebt, und schon hat er vergessen, was er im Lande der Tschippewa wußte. Bei den Tschippewa gibt es keine weißen Männer, und also gibt es dort keine Diebe.

Es war eine Zeit, da pflegten auch die Shawanos nicht zu stehlen. Sie wußten nicht, was Pulver und Blei ist, sie kannten das Feuerwasser nicht, das auf der Zunge brennt und den Kopf taumeln macht, das ernste Männer in Kinder verwandelt, so daß sie Dinge tun, deren ein Knabe sich schämen müßte.

Es war eine Zeit, da hätte kein Kind eine solche Frage gestellt, wie Puchte-thai sie getan hat. Denn es hätte gewußt, daß ein Krieger das Kanu eines anderen nicht stiehlt, noch seinen Bogen oder seine Büffelhaut.

Die weißen Leute haben Diebe und Säufer und Mörder aus den Männern der Shawanos gemacht. Aber die Ottawa, die hier im Norden wohnen, sind noch glücklich. Dieses Land hier haben die weißen Männer vergessen – bis heute.«

Puchte-thai schwieg bedrückt. Die Stimme Tecumsehs hatte in unterdrücktem Grimm, in leidenschaftlichem Haß geschwankt; er hatte, um seine Erregung bändigen zu können, immer wieder Pausen machen müssen.
Eine Kette Wildenten flog schwirrend heran. Rabenkopf griff zu seinem Bogen. Er zielte und schoß. Die letzte Ente stürzte schwer zu Boden. Der gute Schuß hatte Tecumseh ein schwermütiges Lächeln abgenötigt. Nun fragte er seinen Sohn, während der Schütze den Pfeil aus der Ente zog, ihn bedächtig reinigte und dann wieder griffbereit neben sich auf den Boden legte:
»Weiß Puchte-thai, warum Rabenkopf die letzte Ente geschossen hat?«
Über das rauhe Gesicht des Schützen glitt ein kaum merkliches Schmunzeln, der Gefragte aber sah seinen Vater stumm verneinend an. Der fuhr fort: »Die Vögel haben in den nördlichen Ländern gebrütet und ziehen nun mit den jungen Tieren nach Süden. Die jungen Vögel aber fliegen hinter den alten Vögeln. Wer zartes Fleisch will, schießt nicht Enten, die an der Spitze fliegen.«
Inzwischen hatte Rabenkopf wieder den Bogen kurz angehoben, doch senkte er ihn, ohne zu schießen. Tecumseh, dessen schwermütiges Lächeln sich vertieft hatte, wies mit einer Handbewegung auf ihn, die bedeuten sollte: ein Jäger schießt nur, wenn er seines Schusses sicher ist. Puchte-thai nickte. Das verstand er. Tecumseh aber sagte zu Rabenkopf:
»Der Häuptling der Shawanos hatte einen Blutsbruder, als er ein Kind war. Wir nannten ihn Kleiner Jäger. Wenn er töten wollte, sei es Büffel oder Ente oder Hirsch, so schoß er nur einmal, schon als Kind. Cornstalk gab ihm damals den Namen Ein Pfeil. Ein Pfeil ist tot wie alle Freunde Tecumsehs aus jener Zeit, als die Shawanos glücklich waren – bis auf einen, denn Peta-Kuta lebt noch. Tecumseh lächelt voll Trauer, wenn er Rabenkopf sieht, denn Rabenkopf ist wie Ein Pfeil ein großer Jäger. Möge Rabenkopf so treu sein wie Ein Pfeil, aber glücklicher als er!«

Der Mann, den Tecumseh eben mit so starken Worten gelobt hatte, wie er das noch niemals getan, stand in tiefer Erregung auf, entfernte sich schweigend und blieb lange fort. Als er wiederkam, trug er in der Hand zwei weitere Wildenten. Er legte sie stumm an ihrem Feuer nieder, dann hielt er die geöffnete Linke Tecumseh hin:
»Rabenkopf bittet Tecumseh, daß er seine Medizin nehme und sie an seinem Körper trage. Rabenkopfs Seele ruhe in Tecumsehs Hand!«
Wenn zwei Indianer miteinander einen Bund auf Leben und Tod schlossen, so pflegten sie ihre Medizinbeutel auszutauschen. Was ein solcher Beutel enthielt, das war das Sinnbild des Lebens seines Trägers. Ein Bund, der so besiegelt war, galt für noch fester als die Blutsbrüderschaft. Aber Rabenkopf verlangte offensichtlich nicht, daß Tecumseh ihm nun auch seine Seele in Obhut gab. Der Häuptling sah lange auf die ausgestreckte Hand nieder, die sich ihm da so vertrauensvoll und bittend entgegenstreckte, dann erwiderte er:
»Tecumseh nimmt – und gibt zurück. Rabenkopf soll nicht sterben, wenn Tecumseh stirbt. Mein Volk soll leben, auch wenn ich tot bin. Aber Rabenkopf soll mit mir und meinen liebsten Brüdern jagen, wenn Nanabozho uns beide gerufen hat.«
Er war während dieser Worte aufgestanden, hatte den Medizinbeutel aus Rabenkopfs Hand genommen und dann nach kurzer Pause sehr ernst dem Jüngeren wieder um den Hals gehängt, an die Stelle, an der er bis dahin gehangen hatte.
Schweigend bereiteten sie das Essen. Puchte-thai holte vom Flußufer feuchten Lehm, indes die beiden Älteren die Tiere ausnahmen. Dann wickelten sie die Vögel mit ihrem Federkleid in den Lehm, verschmierten sorgfältig das Ganze zu drei nahtlosen Klumpen und legten sie in die heiße Holzasche ihres Feuers, während Puchte-thai immer wieder neues Holz darüber häufte. Nach einer halben Stunde war der Braten fertig: Der Lehm war knochenhart gebrannt, sie rollten die drei Klumpen aus dem Feuer, kühlten sie ab und schlugen

dann die harte Kruste mit dem Griff ihrer Messer herunter. Die Federn blieben in dem Lehm haften, der Vogel war gebraten und gerupft zugleich.
Vor Anbruch der Dämmerung kam Tanaka wieder mit seinen Gefährten. Sie ritten im Schritt in einem Tal heran, das sich von Norden dem Flußufer näherte. Verwundert betrachtete Tecumseh ihre struppigen, abgemagerten Gäule. Hier oben im Norden Pferde zu sehen, hatte er nicht erwartet. Sie zogen die altbekannten, indianischen Stangenschlitten hinter sich her, auf denen die Jagdbeute des Tages lag. Die sieben Jäger hatten im Laufe eines einzigen Tages an die zwanzig Hirsche erlegt. Welch einen Wildreichtum barg doch dieses Land hier!
Als die Ottawa vor den drei Fremden auf dem Hügel hielten, sagte Tanaka:
»Die Shawanos haben gegessen. Wir können also gleich weiter in unser Dorf reiten.«
Sie waren nicht viel länger als eine Stunde unterwegs, als ihnen der Wind Hundegebell zutrug. Die Jäger unterhielten sich weiter über die Ereignisse des Tages. Eine Jagd auf Hirsche gab auch bei den Indianern Stoff zur Prahlerei und Jägerlatein und Gelächter. Die drei Shawanos schwiegen.
Sie ritten um einen weit vorspringenden Hügel und sahen ein breites, flaches Tal vor sich, dessen Grund ein Fluß in gemächlichen Windungen durchzog. Auf dem jenseitigen, sanft ansteigenden Hang standen etwa vierzig Rindenhütten, die auf einer Erdstufe um einen beinahe ebenen Platz im Kreise angeordnet waren. Die untergehende Sonne stand schon so tief, daß die runden Behausungen, die aus der Ferne wie Maulwurfshügel aussahen, im Schatten ruhten. An allen Feuerstellen waren die Frauen mit der Zubereitung der Abendmahlzeit beschäftigt. Aus den Rauchklappen der Hütten strömte in feinen, weißen, sich drehenden Säulen der Qualm der Holzfeuer.
Noch eher als die zahllosen Hunde hatten die Knaben des Dorfes die Nahenden bemerkt. Sie stürzten sich in den Fluß,

durchwateten und durchschwammen ihn um die Wette mit den Dorfkötern und jagten dann schreiend vor Freude auf die Jäger zu. Oben auf dem Hang traten die Krieger aus den Hütten, und die Frauen der sieben Jäger eilten an den Fluß hinunter, um am Ufer auf sie zu warten. Die Jäger riefen lachend die Squaws an, zeigten auf die erlegten Tiere, dann banden sie die Stangen von den Sätteln los und ließen die Lasten in das hohe Gras gleiten. Sie waren plötzlich alle froh erregt, lachten und schrien durcheinander, stellten schließlich ein paar größere Knaben als Wachen gegen die Hunde an die Jagdbeute, ließen Puchte-thai und Rabenkopf aufsitzen und ritten mit ihren Gästen durch die Furt.
Die Frauen lobten laut und eifrig die Geschicklichkeit, den Mut und die Ausdauer ihrer Männer. Die aber stiegen von den Pferden, überließen sie den Frauen und Mädchen, deren Aufgabe es nun war, das Fleisch in das Lager zu schaffen. Die Jäger aber stiegen mit steifen Beinen, müde von der Anstrengung eines langen Tages und stolz auf ihren Erfolg, langsam den Hang hinauf.

Der große graue Bär

Tecumseh erkannte sofort, daß Tanaka seine Ankunft gemeldet hatte. Der Älteste der Sippe Großer grauer Bär, die dieses Dorf bewohnte, trat ihm im vollen großen Schmuck des Friedenshäuptlings entgegen. Das war nur üblich, wenn hoher Besuch nahte. Mitschi-na-missi, grauhaarig, hager, hochaufgerichtet, kam würdevoll heran. Neben ihm ging der Zaubermann des Dorfes, und dahinter kamen drei Kriegshäuptlinge, die Tecumseh mit glänzenden Augen anstarrten. Tecumseh erkannte sie sofort. Sie waren alle drei ebenso wie Tanaka bei der Einnahme von Mitschilli-mackinack mit dabei gewesen. Tanaka hatte die Wahrheit gesagt: Der Sieg von Queenston war hier schon bekannt und auch der Tod General Brocks. Aber ebenso wie die Indianer bei der Eroberung von Detroit Tecumseh als den eigentlichen Sieger angesehen hatten, so waren auch hier die Ottawa überzeugt, daß die Engländer ihren neuen Triumph dem Shawano verdankten. Wenn er wirklich abgezogen war, bevor die Schlacht beendet gewesen, so sicherlich deshalb, weil er wußte, daß er sie schon entschieden hatte.

Es gab die übliche feierliche Begrüßung mit Friedenspfeife und Reden, mit Hundebraten und Fleischbrühe und einer Handvoll saurer Beeren. Am Abend nahm der Shawano mit seinen beiden Begleitern ein Schwitzbad in der Badehütte, die es in jedem Indianerdorf gab, um sich von den Erkältungserscheinungen zu befreien, die eine längere Wasserreise nun einmal mit sich brachte, und dann schlief er tief und traumlos die ganze Nacht hindurch. Er war frisch und lebendig wie eh und je, als er sich am nächsten Morgen erhob.

Sie saßen in der Sonne, Tanaka nahte sich schüchtern und freudig zugleich, die drei Kriegshäuptlinge kamen, und es begann ein großes Erzählen. Wer damals auf dem Zuge über den Huronen-See nicht dabei gewesen war, der mußte jetzt schweigen, wenn Elchshaupt oder Kekami oder Wee-montosch oder Tanaka von der Beute erzählten, von ihren Abenteuern berichteten, von den Kämpfen bei Brownstown und davon, wie bei Maguaga der junge Puchte-thai als erster aufgesprungen war und sich neben Tecumseh gestellt hatte, damals, als die Langen Messer herankamen, dicht an dicht, brüllend wie ein Urwaldstrom im Frühling, mit dröhnenden Trommeln und schmetternden Trompeten, so daß die roten Männer die Furcht angekommen war, und wie dann, als sie den Knaben aufrecht neben dem Vater unter den Kronen der alten Bäume stehen sahen, die Erdgeborenen aufgesprungen waren und sich neben sie gestellt hatten, Blaujacke und Sana mahonga und Kiwa und Kiwaguschkum und immer mehr, bis sie alle standen und schossen, so daß die furchtbaren Mitschi malsa zu wanken begannen und schließlich schmählich flohen vor den Pfeilen der Kinder Manitus . . . Bewundernde Blicke flogen hinüber zu dem Knaben Puchte-thai, und Tecumseh ließ sie reden und sich den Erinnerungen hingeben, denn er spann ja schon wieder ein neues Netz. Und als er erklärte, nachdem nun durch den Sieg bei Queenston die Gefahr an den Donnernden Wassern beseitigt sei, gehe er jetzt nach Detroit zurück, um die Langen Messer gänzlich zu vernichten, da riefen sie alle wie ein Mann, er solle sie mitnehmen.

Aber der Shawano sagte, er müsse zunächst zu den Tschippewa am Oberen See, denn nun stehe der Hauptschlag in diesem Kriege bevor, alles andere sei nur die Vorbereitung gewesen. Und dazu brauche er die Hilfe des mächtigen Volkes der nördlichen Wälder. Kleiner Biber, ihr oberster Sagamore, sei sein Freund und Bruder, er besitze schon die Zusage seiner Hilfe, und sogar die Dakota aus dem fernen Westen, die an den Ufern des Vaters der Ströme säßen, hätten ihm versprochen, mit Tausenden von Kriegern zu kommen. Das Volk der Erdgeborenen erhebe sich, um sein Leben zu verteidigen. Aber wenn er in Detroit angekommen sei, werde er rufen. Ob sie auch dann kommen wollten, fragte er.

Er errang einen vollständigen Sieg. Und ein Zufall, der einem Leichtgläubigeren als Tecumseh den Glauben an sein Glück wiedergegeben hätte, kam ihm zu Hilfe.

Gerade nämlich, als er diese letzte Frage an die erregt zuhörenden Ottawa stellte und noch bevor sie in den Tumult der Zustimmung ausbrechen konnten, erhob sich am nördlichen Ende des Dorfes ein so rasendes Hundegebell, daß selbst die an solche Laute gewohnten Indianer aufhorchten. Da lief in höchster Eile und wild schreiend eine Frau herbei, ein paar Kinder rannten ihr, gellende Töne des Entsetzens ausstoßend, voraus. Aus den Rindenhütten stürzten andere Frauen und Mädchen auf die Dorfgassen, und von allen Seiten schrillte immer wieder ein Wort auf, ein einziges Wort: »Grisly! Grisly!«

Mitschi-na-missi, der Sagamore, erhob sich, und allmählich legte sich der Lärm. Der alte Mann war äußerlich ruhig, und es gehörte schon die ungewöhnliche Menschenkenntnis Tecumsehs dazu, um zu erkennen, daß der grauhaarige, ehrwürdige Mensch von beklommener Ratlosigkeit war. Er winkte dem Zaubermann und den drei Kriegshäuptlingen, befahl allen anderen Männern, zurückzubleiben und auf die Frauen, vor allem aber auf die Kinder zu achten. Tecumseh wußte, warum Mitschi-na-missi ratlos war. Der Graue Bär war das Totemtier der Sippe, deren Gast die drei Shawanos hier waren. Keiner dieser Ottawa durfte den Grisly angreifen oder gar töten, der offenbar soeben aufgetaucht war, wie das immer rasender werdende Hundegebell anzeigte. Das Totemtier der Sippe war heilig; es zu verwunden, ja auch nur zu vertreiben, war für jeden Angehörigen der Sippe verboten, und eine solche Tat hätte nach dem Glauben der Indianer namenloses Unglück für ihr ganzes Dorf bedeutet. Und doch war es ihnen nicht möglich, den Ort einfach zu verlassen und darauf zu vertrauen, daß der Bär schon gehen würde, denn er brachte es fertig, alle Hütten kurz und klein zu schlagen.

Der einzige Ausweg war, den Grisly durch den Zaubermann zu bitten, er möge doch das Dorf seiner eigenen Leute ver-

schonen, und darum hatte Mitschi-na-missi vorhin dem Medizinmann gewinkt. Der sollte nun eine Beschwörung veranstalten, sollte mit dem Geist im Grisly sprechen, ihm allein würde das Tier folgen.
Hinkender Bärenfuß aber, der Zaubermann, durfte so wenig wie Mitschi-na-missi zeigen, daß ihm noch viel beklommener zumute war als dem Sagamoren. Denn das eben war es ja: Wenn er ihn richtig anredete ... Nun, Hinkender Bärenfuß war kein Feigling. Er hüllte sich in Schweigen und Zuversicht und hoffte auf ein bißchen Glück ...
Tecumseh übersah dies alles mit einem einzigen Blick. Und zugleich hörte er das Toben der Hunde, die vor Wut und Angst völlig außer sich waren. Statt den Bären fortzujagen, zogen sie ihn gerade näher heran. Der Shawano stand auf, winkte unmerklich Rabenkopf und Puchte-thai zu, er ging die wenigen Schritte bis zu Mitschi-na-missi und sagte ruhig und höflich, wie es sich vor dem älteren Manne geziemte:
»Gewaltiger Besuch kam in das Dorf meiner Brüder von der Sippe Großer grauer Bär. Tecumseh sieht, daß sein Vater Schaden befürchtet. Er bittet, ihn mit dem Grisly sprechen zu lassen, denn dies ist die Sache der Shawanos, für sie ist der Bär ein Wild wie jedes andere auch.«
Als der fremde Häuptling auf den Sagamoren zugetreten war, hatte sich bebende Stille über die Versammlung gesenkt, und um so schärfer war das Gezeter der Hunde hörbar geworden. Hier aber gab niemand einen Laut von sich, und jeder hatte die Worte Tecumsehs verstanden. Selbst die kleinen Knaben wußten, wer der Shawano war, und jeder in der Runde ahnte, daß er Zeuge einer unerhörten Tat werden würde. Sie waren ja nur zu dritt ... aber wenn die Hunde da waren ... und wenn die Shawanos sich dem Bären nicht zeigten, ihn von den Kötern umtoben ließen und ihre Pfeile aus dem Hinterhalt sandten ... die Hütten boten Deckung genug ... ja, es mochte auch drei Männern möglich sein ... Aber welch ungeheurer Mut gehörte dazu! Tecumseh war wirklich der größte Krieger des roten Volkes ...

Mitsch-na-missi nickte aufatmend. Freilich, die Shawanos waren durch kein Totem gehindert ... Er hatte sofort an sie gedacht, aber Gäste durfte man nicht auffordern, sich in Gefahr zu begeben ...
Hinkender Bärenfuß machte einen noch viel tieferen Atemzug als der Sagamore, und befriedigt sah er zu, wie die Shawanos ihre Waffen bis auf Messer und Bogen vor dem Eingang der Hütten ablegten. Rabenkopf legte sogar seinen Köcher ab, nachdem er ihm ein paar Pfeile entnommen hatte, und Puchte-thai folgte seinem Beispiel. Tecumseh aber verzichtete auch auf Pfeil und Bogen, er nahm in jede Hand ein Messer – und ein Raunen ging durch die Umstehenden: Der Shawano wollte dem Grisly im Messerkampf entgegentreten! Den Ottawa traten die Augen aus den Höhlen. Keine Macht der Welt hätte sie jetzt davon abhalten können, Tecumseh zu folgen. Das wollten sie alle aus nächster Nähe sehen! Ein paar junge Mädchen erkletterten atemlos vor Neugierde einige der Bäume, und sofort folgten ihnen die Knaben.
Indessen wandte sich der Shawano dem wirbelnden Durcheinander der Hunde zu. Es war jetzt keine Zeit zu fragen, wie der Grisly eigentlich in das Dorf gekommen war, denn meist vermeidet es der graue Bär wie fast alle wilden Tiere, unnötig in die Nähe größerer Menschenansammlungen zu gelangen.
Der Bär stand aufgerichtet mit dem Rücken gegen eine der Rindenhütten, seine kleinen Augen blitzten wütend, er zeigte erbost alle Zähne. Gerade wieder hatte er zwei Hunde mit einem einzigen fegenden Prankenhieb erledigt. Sie flogen wie zwei heulende Gummibälle durch die Luft, mitten in die geifernde Meute hinein, die entsetzt zurückwich. Dem Grisly war das Gekläff zuwider, und als die Hunde jetzt vor den heranwirbelnden Körpern der beiden abgewehrten einen Augenblick lang zurücksprangen, machte er kehrt, riß mit den beiden Vordertatzen die Borkenwand der Hütte mühelos auseinander und verschwand geschmeidig wie eine Katze und

schnaubend wie ein Büffel in das Innere des leichten Hauses. Schreiend krochen auf der anderen Seite zum Eingang der Hütte eine Frau und zwei Kinder hinaus. Die Hunde aber überschlugen sich in ihrer Tollheit geradezu.

Tecumseh hatte gerade noch den mächtigen grauen Rücken des Grisly gesehen. Er bat Mitschi-na-missi, dafür zu sorgen, daß die Hunde fortgebracht würden. Der Shawano wollte also wirklich den Nahkampf mit dem Ungeheuer! Als dies den Ottawa klar wurde, war wieder wie vorhin schon ein einziger rasselnder Atemzug der Anspannung zu hören. Dann aber stürmten die Krieger mit Knüppeln, Latten, mit Riemenpeitschen und geschwungenen Fäusten, mit Fußtritten auf die Hunde los, und unwillig zuerst, aber unter den rücksichtslosen Hieben ihrer Herren aufjaulend, verzogen sich die Köter.

In der Hütte rumpelte inzwischen der Bär ärgerlich umher. Man hörte ihn brummen, er schnüffelte offenbar unter den Lebensmitteln herum. Während er so durch die Hütte trottete, geriet er mit dem Rücken an einen der hölzernen Pfosten. Wohlgefällig rieb er sich daran, aber die Stange war seiner großen Kraft nicht gewachsen, die Männer hörten drinnen Holz zersplittern, man konnte von außen sehen, wie sich das Hüttendach an einer Stelle senkte. Dem Grisly gefiel das wohl, er versuchte sich an der nächsten Stange, und auch sie knickte zusammen. Nun fiel ihm ein sich lösendes Rindenstück auf den Schädel, er brummte böse und hieb mit der Pranke nach dem unvermuteten Gegner, schrie im gleichen Augenblick aber wie ein eigensinniges Kind auf, er hatte sich an einem spitzen Gegenstand verletzt. Er teilte einige pfeifende Hiebe aus, schlug Waffen von den Stützpfosten herunter, die dabei zu Bruch gingen, er trat wohl gar in das Feuer, denn nun schrie er noch einmal böse auf, seine Pranken fegten wahllos umher, die Hütte brach über ihm zusammen, sein mächtiger Schädel wurde über dem Wirrwarr sichtbar, er verwickelte sich mit seinen Füßen in die Hirsch- und Büffelfelle der Lagerstätten, die zersplitterten Stangen stachen ihn in

den Leib, er geriet nun erst in richtige Wut, schrie und brummte, auf einmal flog die Rinde nach allen vier Seiten auseinander, und der ganze Bär erschien, er ließ sich auf alle vier Füße niederfallen und trabte einfach los, nahm die Reste der Hütte mit sich und schüttelte sie von sich ab. Er sah in einiger Entfernung die Männer stehen, der Wind trug ihm ihren Geruch zu, und sofort trabte er auf sie zu. Die standen ihm gerade recht!
Tecumseh ging dem Bären entgegen, indes Rabenkopf auf einen Wink seines Häuptlings nach links hinter eine Hütte sprang und Puchte-thai nach rechts. Die Ottawa wagten nicht zu atmen, aber auch zurückzuziehen vermochten sie sich nicht, denn dies bannte ihre Seelen. Sie wußten nicht, wen sie mehr anstarren sollten, den gewaltigen Tecumseh – oder seinen jungen Sohn, der sich seitwärts von seinem Vater dem Grisly entgegenschlich.
Und wirklich, es stand schlimm um Puchte-thai. Er zitterte am ganzen Leibe, er sah das riesige Tier schnell herannahen, und er ging ihm weiter entgegen und wäre doch am liebsten schreiend davongelaufen. Aber vor ihm ging Tecumseh, der größte Mann seines Volkes – sein Vater! Er würde gewiß von dem Grisly in Stücke gerissen werden, aber – er konnte nicht anders, er schlich sich mit wankenden Knien hinter Tecumseh her, er hielt den Bogen in der Hand, und nun sah er, wie der Bär sich zu seiner ganzen ungeheuren Größe aufrichtete, wie er brummend auf Tecumseh zuging, Puchte-thai fühlte auf einmal das harte Holz des Bogens in seinen Händen, die Sehne, die er mit den Fingern der rechten Hand hielt, und er fühlte auch das Ende des Pfeiles, und plötzlich wurde er ruhig. Tecumseh hatte schon manchen Grisly erlegt, das da war nicht der erste, und wenn es mißglückte – nun, hier war er, Puchte-thai, und er hatte einen Bogen, und auch er konnte schießen, nicht nur Ein Pfeil und jener Rabenkopf dort . . .
So etwa sah es in Puchte-thai aus.
Die Ottawa wußten nichts davon. Jeder hielt die Waffen, die

er gerade ergriffen hatte, und die er doch nicht hätte benutzen dürfen, in der reglosen Hand, aber sie waren ohnehin viel eher bereit, davonzulaufen als zu kämpfen. Und dennoch klebten ihre Füße am Boden. Diesen Kampf wollte sich keiner entgehen lassen. Keiner glaubte, daß Tecumseh lebend davonkommen würde, keiner, mit Ausnahme von Mitschina-missi.

Tecumseh sprang dem Grisly, der nun direkt auf ihn zutrabte, laut rufend und immer wieder die Arme hochwerfend, entgegen. Er redete den Grauen an, wie überhaupt die indianischen Jäger Raubtiere vor dem Kampf anzureden liebten:

»Auf, stehe auf, Bruder Grauer Bär, auf, erhebe dich! Eine weite Reise machte der Berglöwe, um dich zu sehen. Auf, stehe auf, es ist Zeit zu kämpfen, Bruder im Tier!«

Immer wieder und wieder warf er beide Arme in die Höhe, um den Grisly zu veranlassen, sich auf die Hinterfüße zu stellen. Solange der Bär auf allen vieren stand, war er wendig, und es war nicht möglich, neben ihn zu treten, weil eine einzige kleine Bewegung einer Pranke auch den stärksten Mann wie eine Strohpuppe zur Seite geschleudert hätte. Stand der Grisly aber aufrecht, so waren mindestens zwei seiner Füße ausgeschaltet, und außerdem brauchte Tecumseh noch aus anderen Gründen die aufrechte Haltung des Tieres.

Der Graue sah den einzelnen Mann auf sich zukommen, und er sah, daß sich da noch zwei andere an ihn heranschlichen. Erstaunt betrachtete er die Knirpse. Er wußte noch gar nicht so recht, was Feinde sind. Luchs und Wolf und Vielfraß gingen ihm höflich aus dem Wege, und im Winter, wenn die Wölfe hungrig waren, lag der Bär im Winterschlaf. Hirsch und Elch aber belästigte weder er, noch kümmerten sie sich um ihn. Er nährte sich von Waldbeeren und von Wurzeln, er liebte den Honig der wilden Bienen, aber an den war hier im Norden schwer heranzukommen, und so waren die einzigen Tiere, die er fraß, die schnellen, blinkenden, kalten Dinger, die in den Flüssen lebten und so schwer zu fangen waren. Aber er kannte einen Platz, an dem sie zu gewissen Stunden des Tages in Scharen zu stehen pflegten. Man brauchte nur geduldig zu warten und still zu sein und von Zeit zu Zeit einen blitzschnellen Schlag mit der Tatze zu tun und sie auf das Land zu werfen. Er war auf dem Wege zu dem Platze am Fluß gewesen, er hatte das Menschendorf auf seinem Pirschgang in weitem Bogen umschritten, er wußte seit langem, daß dort die zweibeinigen Tiere wohnten, die so seltsam rochen, er wollte nichts von ihnen, und er hatte längst bemerkt, daß auch sie nichts von ihm wollten, sie waren auch so etwas ähnliches wie Hirsch oder Elch oder Wolf, denn wenn sie ihn an seinem Fangplatz am Flusse gesehen hatten, waren sie ihm stets aus dem Wege gegangen.

Doch da sah er plötzlich dicht vor seinen Augen etwas in der Sonne blitzen, und gleich darauf spürte er einen fürchterlichen Schmerz in der Zunge. Er hatte mit einemmal eine klebrige Flüssigkeit im Maul, die süß und warm schmeckte. Er wollte die Wunde lecken, aber je mehr er leckte, um so heftiger wurde der Schmerz, denn er verlängerte und vergrößerte dadurch den Riß in der Zunge. Wie das brannte und stach! Er jammerte und brüllte. Die Töne klangen schrill und brachen plötzlich ab – er konnte nicht mehr atmen, seine Luftröhre war verstopft, die Kehle versagte ihm den Dienst, und jetzt schmerzte es auch an einer anderen Stelle, er zuckte zusammen, er schlug wütend um sich, er konnte nichts mehr sehen ... Wo war der Knirps von vorhin geblieben? Es bohrte in seiner Seite. Diese Pein war weit ärger als die im Maul. Doch da fühlte er nichts mehr, gar nichts mehr. Er stürzte zur Erde, zuckend wälzte er sich umher. Und dann war der riesige Grisly tot.

Tecumseh hatte das Tier mit dem Messer getötet.

Sein jähes Vorschnellen hatte den Bär veranlaßt, sich aufzurichten, und als das Tier dann auf ihn zugekommen war, hatte er ihm von unten her sein Messer durch den Unterkiefer in die Zunge und in die Kehle geworfen. Dabei war die Luftröhre verletzt worden, was allein schon den Tod herbeigeführt hätte. Während aber der unerträgliche Schmerz in der Zunge den Grisly ablenkte, war der Shawano rasch um ihn herumgesprungen, hatte mit der Linken in sein Fell gelangt, um einen Halt zu bekommen, und ihm gleichzeitig mit der Rechten das andere Messer ins Herz gestoßen. Dann war er zurückgefedert.

Die Ottawa standen schweigend und beklommen da. Dies alles war so schnell geschehen, daß sie zu träumen glaubten. Dieser Kampf hatte kein Beispiel. Das Herz stockte ihnen, die Lunge versagte ihnen den Atem – und da kam dieser Knabe, der Sohn Tecumsehs, Puchte-thai, er ging auf den Bär zu, legte Pfeil und Bogen ins Gras, zog sein Messer, kniete neben den Grisly, zog einen tiefen Schnitt über die Kehle und begann ihn abzuhäuten. Der Knabe tat, als wäre das Erlegen von Grislybären bei seinem Volk eine Belustigung für kleine Mädchen und nicht wert, ein Wort darüber zu verlieren.

Tecumseh lachte schallend auf, als er sah, was Puchte-thai tat, und in diesem Lachen entlud sich seine große Erregung, denn wahrlich, ein Grisly war kein Hirschkalb und kein Biberjunges! Jeder Kampf mit dem Großen Grauen war ein Gang auf Leben und Tod, immer wieder, so oft auch Tecumseh diesen Kampf schon geliefert hatte. Der Grisly konnte blitzschnell zuschlagen, fast so schnell wie der Luchs, aber ein Prankenhieb des Bären machte den stärksten Mann mit einem Schlage kampfunfähig. Wenn der erste Messerwurf mißlang, gab es kaum noch eine Rettung.

Jetzt aber kam der wilde Rausch des Sieges über den Shawano. Er streckte beide Hände waffenlos zum Himmel hoch, wandte den Blick nach oben und rief laut den Dank an Kitschi Manitu aus, den Großen Guten Geist.

Die Ottawa, Mitschi-na-missi an der Spitze, taten es ihm nach. Die Gefahr für das Dorf war überwunden, ohne daß der Geist des Totems verletzt war. Zeugen einer großen Tat waren sie gewesen. Sie konnten beurteilen, was Tecumseh da eben vor ihren Augen getan hatte. Donnernd riefen sie alle wie er den Namen des Großen Jägers Nanabozho in den blau strahlenden Herbsthimmel hinauf, und aus den Kronen der Bäume stimmten die Frauen und Mädchen mit hellen Stimmen ein. Am meisten und lautesten aber schrien die Knaben. Besessen vor Begeisterung rutschten, kletterten, sprangen sie aus den Bäumen, und dann kamen sie mit gellendem Lärm angerannt: Dies mußten sie sich unbedingt aus der Nähe ansehen!

Tecumseh aber hockte sich neben seinen Sohn und half ihm, den Bären abzuhäuten. Er sah, daß Puchte-thai am ganzen Leibe zitterte. Er sah freilich auch, wie sehr der Junge sich bemühte, seine fliegenden Glieder zu beruhigen, wie er riß, zerrte, schnitt und trennte und wie auch sein Messer in seiner Hand flog, während er versuchte, das schwere Fell vom Körper zu lösen.

Tecumseh legte die rechte Hand auf den Arm seines Sohnes und sagte leise mit ganz ruhiger Stimme:

»Wenn Puchte-thai dies noch zweimal gesehen hat, wird er auch das Messer schleudern können wie ich. Aber zum Stoß ist dein Arm noch zu schwach. Doch du wirst lernen.«

Der Junge sah mit einem scheuen Blick voll Liebe und Bewunderung zu seinem Vater auf und senkte die Augen sofort wieder. Dabei flüsterte er mit kaum verständlicher Stimme:

»Puchte-thai lernt von einem Morgen bis zum Abend mehr als früher in einem Monat.«

Rabenkopf trat herzu. Er war äußerlich ruhig, wenn auch seine dunklen Augen leuchteten. Er legte Pfeile und Bogen auf die Erde und begann schweigend, beim Abhäuten Hand anzulegen.

Tecumseh lächelte.

»Ich schc, Rabcnkopf hat fünf Pfeile aus seinem Köcher genommen und nicht nur einen wie sonst.«

Rabenkopf schaute kurz auf und schnitt sofort wieder weiter am Fell des Bären. Unwirsch sagte er, um seine wahren Gefühle nicht zeigen zu müssen:

»Dies war nicht die Stunde für Rabenkopf, zu zeigen, daß er schießen kann. Tecumseh hat sein Leben eingesetzt. Wenn

einer meiner Pfeile nicht genügt hätte, so wären doch fünf Pfeile genug gewesen selbst für diesen Oberhäuptling aller Grauer Bären!«
Schwermütig lächelnd sagte Tecumseh:
»Blutsbruder war ich mit Ein Pfeil schon in der Zeit, als er noch Kleiner Jäger hieß. Ihr kanntet ihn beide. Zwei weiße Kinder waren damals bei uns, wir tranken alle auch von ihrem Blute wie sie von unserem. Und so war ich Blutsbruder sogar mit Blaßgesichtern. Blutsbruder bin ich heute mit allen, die schwarzes Haar und rote Haut tragen, Blutsbruder bin ich mit Rabenkopf und mit allen, die treu sind, aber die Zeit, da die Erdgeborenen glücklich waren, ist vorübergeflossen so wie das Wasser der Flüsse über die Felsen hinunterfließt, und niemals wieder kann es die Felsen hinauffließen.«
Die Ottawa schoben sich zögernd heran und umstanden fast verlegen die drei Shawanos, flüsterten und sahen zu. Helfen konnten sie ihnen nicht, das verbot das Gesetz des Totem. Aber Tecumseh hatte nicht nur den Grisly besiegt, nicht nur erneut die Herzen dieser Krieger gewonnen: Er hatte auch den kühlen und altersweisen Mitschi-na-missi mitgerissen. Der hatte vor langer Zeit drei Sippen der Ottawa so lange umworben, bis sie mit ihm in die alten Stammessitze ihres Volkes an den Strom zurückgekehrt waren, der ihren Namen trug. Vor fünf Menschenaltern waren sie von seinen Ufern aus Furcht vor den mordgierigen, alles ausrottenden Irokesen nach dem Westen ausgewichen. Dorthin waren aber inzwischen die Langen Messer vorgedrungen, und Mitschi-na-missi hatte seine Leute aus der neuen Gefahrenzone herausgeführt. Die Irokesen waren jetzt nicht mehr gefährlich, und hier im Norden, zwischen Simco-See und Ottawa-Fluß, streifte abseits der Straße vielleicht einmal ein einzelner weißer Jäger umher, doch den brauchte man nicht zu fürchten, er war ja im Gegenteil auf die Indianer angewiesen. Von den Langen Messern, gar von Krieg mit ihnen, hatte Mitschi-na-missi nichts mehr wissen wollen, denn er hatte in früher Jugend schon allzu böse Erfahrungen mit ihnen gemacht.

Nun aber war dieser Tecumseh gekommen. Er hatte die furchtbaren weißen Feinde des Indianers schon oft und oft geschlagen. Von der Beute, die einige seiner Ottawa-Krieger gemacht hatten, hatte der alte Sagamore genug gehört und gesehen. Und er war wankend geworden in seiner vorsichtigen Haltung gegenüber den Weißen. Nun aber hatte er diesen Tecumseh mit eigenen Augen erblickt, hatte ihn im Kampf mit dem Grisly kühlen, fast unbeteiligten Auges beobachtet, hatte die Ruhe seines Geistes und die vibrierend gespannte Haltung seines Körpers bewundert, und das Indianer-, das Jäger- und Kriegerblut war in dem alten Mann noch einmal schneller geströmt. Er wollte diesem Shawano helfen! Wenn er rief, wollte er selbst diesem seinem Rufe folgen. Dies sagte er ihm jetzt, und seine Ottawa schrien vor Begeisterung. Und so war denn die Frage, die Tecumseh dem Stamme gestellt hatte, gerade als der Grisly sich dem Dorfe näherte, viel eindeutiger beantwortet, als er das vor kaum einer halben Stunde noch hätte erwarten können. –

An den Ratsfeuern

Viele Wochen dauerte die Reise des Berglöwen zu den Tschippewa; denn das Wetter schlug plötzlich um, es setzten Schneefall und leichte Kälte ein, die das Reisen im Kanu unmöglich machten, weil die langsamfließenden Flüsse des Nordens zugefroren waren. Aber ihr Eis hielt noch nicht, und ebenso wenig das der Sümpfe. Es blieb nichts übrig, als in den schneesicheren Hütten einer Abteilung von Mississauga ein paar ungeduldige Wochen zuzubringen, bis der Winter in voller Macht hereingebrochen war und der indianische Schneeschuh das Land wieder begehbar machte.

Hier bei den Mississauga erfuhr Tecumseh, warum er seit Monaten keine Nachricht von den Tschippewa erhalten hatte: Kleiner Biber, ihr Obersachem und größter Kriegshäuptling, war gestorben. Kleiner Biber, weitblickend, besonnen und von zähestem Willen, hatte sich von Tecumseh schon vor Jahren überzeugen lassen, daß die Indianer aufhören müßten, sich untereinander zum Vorteil der weißen Männer zu bekriegen. Er hatte damals Frieden mit den Dakota geschlossen, und so war der jahrzehntelange Krieg zwischen dem großen Volke der nördlichen Wälder und den Reitern der Prärie beendet worden. Der Vertrag war mit Friedenspfeife und feierlichen Reden bekräftigt worden, weiße Wampums waren zwischen beiden Völkern ausgetauscht worden, sie hatten gegenseitig die Gefangenen nach Hause entlassen, und seitdem hatte Ruhe hier im Nordwesten geherrscht. Auf dem Bündnis mit den Tschippewa und den Dakota beruhte Tecumsehs Hoffnung in diesem Kriege – und nun war der eine Pfeiler der indianischen Front eingestürzt.

Denn es war nicht nur der alte Sachem gestorben, der sein Volk jahrzehntelang geführt hatte und ein persönlicher Freund des Shawanos geworden war. Die Führung im Stamm war an den Zaubermann Er wacht in der Dämme-

rung übergegangen. Schon immer hatten gerade bei den Tschippewa Zaubermänner und Schamanen großen Einfluß gehabt. Wenn in den langen und harten Wintern des Nordens der Schneesturm in den Wipfeln der Tannen heulte, wenn der Tag grau war vom Morgen bis zum frühen Abend und die Welt dunkel wurde, dann sangen die Magier ihre uralten Zaubergesänge und nahmen die Seelen der Menschen gefangen ebenso wie ihren Willen.
Der Sagamore der Mississauga, bei dem Tecumseh zu Gast war, hatte selbst im Lande der Tschippewa geweilt, als Kleiner Biber starb. Und er berichtete mit dürren Worten, welch eine Wandlung bei ihnen eingetreten war. Tecumseh wußte, daß sein eitler und prahlerischer Bruder Ten-squa-ta-wa vor Jahren den angesehensten Zaubermann des großen Volkes schwer beleidigt hatte. Solange Kleiner Biber lebte, hatte der Schamane nur unterirdisch gewühlt. Jetzt nach dem Tode des Häuptlings aber war Er wacht in der Dämmerung der erste Mann im Stamm.
»Er ist es, der die Seelen der jungen Leute und der Krieger beherrscht. Er will sie auf den unreinen Pfad gegen die Dakota führen, er schmäht den Berglöwen der Shawanos, weil er die Tschippewa einen schlechten Frieden mit den Dakota schließen hieß, und er weissagt von großen Siegen über die Feinde, wenn er das große Nachtlied tanzt, und immer verheißt er Ruhm und Beute allen, die ihm folgen.«
Tecumseh blickte den Mississauga mit erstarrter Seele an. Der sprach, als erzählte er ein Abenteuer aus seiner letzten Elchhatz. Spürte er nicht, daß die Erde unter dem roten Mann wankte?
Und doch mußte sich der Shawano endlose, qualvolle Wochen gedulden, bis der Winter das Eis tragfähig gemacht hatte. Dann aber brach er auf, und weder Frost noch Schneestürme, weder Wolfsrudel noch alle anderen Gefahren des späten Jahres hielten ihn auf.
Den ganzen Dezember über bat und drohte, verhandelte und beschwor der Shawano an den Ratsfeuern des mächtigen

Stammes. Aber wohin er kam, überall trat ihm Er wacht in der Dämmerung entgegen, und der alte, in allen Künsten erfahrene Magier ließ sich weder überreden noch gar überzeugen. Alle Bemühungen waren wirkungslos. Der Zaubermann war so tief beleidigt, so ingrimmig voll Wut und Sucht nach Vergeltung, daß der Shawano wohl zum ersten Mal in seinem Leben glaubte, er rede zu einem Stein. Wandte er sich aber an die Krieger direkt, so bemerkte er sehr bald, wie sie alle von einer abergläubischen Furcht vor ihrem Medizinmann besessen waren. Auch wußte Er wacht in der Dämmerung ausgezeichnete Gründe anzuführen, die gegen eine Beteiligung am Kriege sprachen.

Warum den südlichen Stämmen die Nüsse von den Bäumen holen, die sie dann essen würden und nicht die Tschippewa? Siegten die Indianer, so würde hier oben ja doch alles beim alten bleiben. Siegten aber die Mitschi malsa, so hätten sich die Tschippewa den Haß der furchtbaren Feinde zugezogen. Dann würden die Blaßgesichter auch bis in diese nördlichen Gegenden kommen, die aufzusuchen sie sonst keinen Grund hätten.

Es kam hinzu, daß die Tschippewa kein kriegerisches Volk waren. Sie kannten alle Heilpflanzen, sie wußten auch andere Mittel, Kranke zu pflegen und gesund zu machen. Sie beuteten die Kupferminen am Oberen See aus, und ihre Arbeiten waren seit altersher begehrt bei allen Roten, ihre kupfernen Handschützer, Pfeilspitzen, Armspangen waren berühmt. Ihre Rindenkanus waren die schnellsten aller Indianerboote. Das kam nicht nur daher, daß sie vorn etwas breiter als hinten waren – eine Form, die sie den Fischen abgesehen zu haben behaupteten (und die nichts weiter war als eine Vorahmung unserer heutigen, modernen Tropfenform). Es kam auch nicht nur daher, daß sie die Außenwand ihrer Boote mit glattem Leim überstrichen – alles das hatten die anderen algonkinischen Stämme längst von ihnen gelernt. Es war noch irgendein Geheimnis dabei, das aber kein Tschippewa jemals verriet.

Solche Künste kannten sie. Ein Tanz der Tschippewa war eine Sehenswürdigkeit für jeden anderen Stamm. In den dunklen Tannenwäldern lernte man es, auf das Sausen der Gipfel, das Murmeln der Bäche, die Stimmen der Tiere noch versunkener zu achten als bei den südlicheren Völkern. Sie hatten uralte, kaum verständliche Gesänge, die sie mit Flöten und Rasseln und Klappern begleiteten. Alles das hatten die anderen Algonkin auch, aber doch war bei den Tschippewa mehr Weisheit, mehr Tiefe, mehr Geheimnis. Und so drängten sie sich denn auch nicht allzusehr zum Kriege.

Nur ein Volk haßten sie: Das waren die Dakota. Und darum hatte auch Er wacht in der Dämmerung einen so großen Erfolg. Der Frieden, den Kleiner Biber abgeschlossen hatte, war ihnen nicht aus dem Herzen gekommen. Die Gründe, die er und Tecumseh für ihn genannt hatten, waren überzeugend gewesen, man hatte nichts gegen sie sagen können – aber es zeigte sich jetzt, daß es eben doch nur Gründe gewesen waren, die zum Verstand gesprochen hatten. Ihr Haß aber saß tiefer, ihr Haß gegen die Dakota kam aus dem Herzen. Und wenn Er wacht in der Dämmerung von diesem Haß gegen die Dakota zu sprechen begann, dann schwemmten seine Worte alle Überlegungen, die Tecumseh etwa für seine Pläne hatte in ihnen erklingen lassen, in einer einzigen großen Woge fort. Tecumsehs Haß gegen die Mitschi malsa, der überall sonst auf den gleichen Haß stieß, war hier wirkungslos. Die Tschippewa haßten weder die Langen Messer, noch glaubten sie, Grund zur Furcht vor ihnen zu haben – was bei den Dakota der Fall war.

Und so war denn das einzige, was er erreichte, ein feierliches Versprechen, vom Kriege gegen die Dakota so lange abzusehen, als die gegen die Mitschi malsa kämpften. »Sobald aber der Friede mit den Langmessern geschlossen ist, wird der Tomahawk der Tschippewa wieder über dem Haupte der Dakota sein wie seit dreißig Jahren«, erklärte Er wacht in der Dämmerung, nachdem der Vertrag geschlossen war.

»Es ist gut!« brüllte da Tecumseh. »Aber der Berglöwe wird

neben Wanata, dem Häuptling der Dakota, sein in jeder Schlacht!«

So schieden sie in Feindschaft.

Tecumseh aber reiste weiter zu den Dakota. Sie hatten eine Anzahl von Toboggans angefertigt, indianische Schlitten, auf die sie nun die Decken und die Vorräte für die Winterwanderung legten.

Es war eine beschwerliche Reise, doch Tecumseh, der erfahrene Alleinwanderer, der schon weit längere Strecken zurückgelegt hatte, überwand alle Schwierigkeiten, ohne seine beiden Begleiter zu hetzen. Aber die alte Kraft war nicht mehr in ihm. Seit Brocks Tode hatte ihn der feste Glaube an den Sieg verlassen. Nun nagte die Niederlage gegen den Zaubermann an ihm. Er fragte sich, ob er wirklich alles versucht habe, ob er nicht früher leidenschaftlicher um den Sieg seiner Gedanken gekämpft habe. Es war ihm nicht einmal möglich gewesen zu erfahren, wodurch eigentlich Er wacht in der Dämmerung von Ten-squa-ta-wa beleidigt worden war. Aber er war wieder einmal auf eine der unheilvollen Fährten seines Bruders gestoßen. Wo noch würde er gegen das Vermächtnis zu kämpfen haben, das der eitle Prahler ihm hinterlassen hatte? War es damals bei den Osagen nicht ebenso gewesen? Und was erwartete ihn bei den Dakota, denen er noch dazu die böse Kunde von dem wieder drohenden Kriege gegen die Tschippewa bringen mußte?

Als er mitten in den frostklirrenden Tagen des Februars im Winterlager der Hunkpapa-Teton anlangte, da traf er auf Erstaunen, als er nach Baumspäher fragte, den er bei Ausbruch des Krieges mit dem blutgetränkten Pfeilbündel zu ihnen gesandt hatte. Wanata sagte, der junge Shawano sei noch im Frühherbst in den Osten aufgebrochen, um dem Berglöwen die Nachricht zu bringen, daß im Frühling alle Krieger der Dakota zu Tecumseh stoßen würden, um das Versprechen einzulösen, das sie ihm gegeben hätten, Er, Wanata, habe ja vorher alle westlichen Nachbarstämme von seinem Vorhaben benachrichtigen müssen, damit sie ihm Frieden während der

Abwesenheit der Dakota-Kriegsmacht zusicherten. Das sei geschehen, mit allen Stämmen sei das Calumet geraucht worden, ja, von den Schwarzfüßen und den Cheyenne wollten sich eine Anzahl Krieger den Dakota auf dem Zug in den Osten anschließen, um einmal selbst die Mitschi malsa kennenzulernen, von denen dunkle Sagen auch zu ihnen gedrungen seien.
Tecumseh fragte genauer, und bald hatte er festgestellt, daß Baumspäher, der von dem Sohne Wanatas und von Mataton, dem Sohne Ongpatongas, des Häuptlings der Sisseton-Dakota, begleitet worden war, lange vor der Schlacht bei Queenston bei Tecumseh hätte eintreffen müssen.
Furchtbar fuhr der rauhe Wanata empor, als nun der Verdacht in ihm aufstieg, sein Sohn könne in die Gewalt von Feinden geraten sein. »Mit den Kickapus und den Utagamis haben wir nicht geraucht, da wir vor vier Wintern schon mit ihnen Frieden geschlossen hatten. Sie waren früher unsere Feinde.«
Tecumseh aber mußte berichten, daß gerade von diesen beiden Stämmen bisher nicht ein einziger Krieger zu ihm gestoßen sei.
Wanata rüstete sofort eine Schar von Kriegern aus, die nach seinem Sohne forschen sollten, und schickte auch Boten an Ongpatonga. Ohnehin hatte er eine Versammlung der Friedenshäuptlinge aller Dakota-Stämme an die Stelle einberufen, wo der Minnesota in den Mississippi mündete, denn es war ein Bote von Harrison bei den Sioux eingetroffen.
Ja, nicht nur Tecumseh rührte sich! Auch Harrison war tätig, und der Shawano hatte wieder einmal Gelegenheit, die zähe, geduldige Politik seines großen Widersachers in Vincennes zu verfolgen. Wie eine Spinne im Netz saß der Gouverneur in seinem weißen Hause, seine kühlen, grauen Augen sahen weit über die Wälder und Prärien und bis in die Herzen seiner Feinde; unter dem steil aufgebürsteten, kurzen blonden Haar wachte ein klarer und ruhiger Verstand, ein alle Möglichkeiten abwägender, jedem Abenteuer abholder Geist.

Und so hatte also William Henry Harrison, Gouverneur im Lande Indiana und derzeit Oberbefehlshaber aller militärischen Kräfte im Westen, einen Boten an die Dakota gesandt, er habe mit väterlicher Sorge vernommen, daß seine roten Kinder auf die leichtsinnigen Versprechungen dieses Schwarmkopfes Tecumseh zu hören gedächten. Er müsse die Dakota warnen vor den Folgen unüberlegter Entschlüsse. Schon einmal habe er die Scharen dieses Tecumseh mühelos auseinandergetrieben. Damals habe er davon abgesehen, die Stämme zu bestrafen, die an den Feindseligkeiten teilgenommen hätten; er habe geglaubt, Unglück genug sei über die Stämme gekommen durch die schweren Verluste an Toten, die sie damals am Tippekano erlitten hatten bei der Stadt des sogenannten Propheten, der ein Lügner und ein Feigling dazu gewesen sei. Alle jene Krieger könnten heute noch am Leben sein, wenn sie den Worten Tecumsehs nicht geglaubt hätten. Jetzt aber würde der Vater Gouverneur nicht so gnädig sein können wie damals, wenn die Dakota etwa sich an dem Kriege beteiligen würden, den die Inglismon mit den Langen Messern begonnen hätten.
Wanata lächelte, als er bei der Weitergabe dieser Botschaft in das von Empörung verdunkelte Antlitz Tecumsehs sah:
»Mein Bruder, sei ruhig! Nur der Kojote bellt, bevor er angreift, denn er hat Angst. Luchs und Puma schweigen, weil sie ihre Stärke kennen.« Tecumseh habe sein Wort und das seiner Krieger, und das genüge. Freilich könne er eine Botschaft des weißen Vaters in Vincennes seinem Stamme nicht verschweigen, die Sagamoren der Dakota würden also kommen und dem Boten ihre Antwort sagen. Sie würden kommen, um einen weißen Mann zu sehen, denn immer noch sei ein Blaßgesicht in den Prärien des Westens ein Ding, das man betrachten wolle. Es sei ein gutes Zusammentreffen, daß Tecumseh nun selbst auch hier sei. Die Dakota seien alle voller Verlangen, Genaues von seinen großen Siegen zu vernehmen, denn das Gerücht davon sei schneller über die Prärien gelaufen als das Feuer eines Grasbrandes, und es habe die

Herzen aller Krieger unruhig gemacht und durstig nach Sieg und Beute.
Der Name Wanata bedeutet: Der über offenes Feld angreift. Und was der Name versprach, das hielt der Mann. Er hatte ein offenes, kühnes Gesicht und eine edle, fast herrscherliche Haltung. Schon bei ihrer ersten Begegnung vor Jahren waren sich die beiden Männer bald mit Zuneigung entgegengekommen. Die Achtung voreinander war gestiegen, je besser sie sich kennengelernt hatten.
Wirkliches Ansehen konnte sich bei den Indianern auf die Dauer nur ein Mann verschaffen, der ein tapferer Krieger und vor allem ein hervorragender Jäger war. Die Rothäute führten keineswegs etwa ununterbrochen Krieg miteinander, das verbot schon die riesige Ausdehnung des Landes und seine geringe Bevölkerung. Aber täglich gingen sie auf die Jagd. Ein Prahler und Hohlkopf, ein Feigling oder ein ehrlos gesinnter Mensch wurde von seinen Stammesgenossen bald entlarvt. Noch mehr als anderswo hatten hier Lügen kurze Beine. Und so kam es, daß die Häuptlinge sich immer durch besondere persönliche Eigenschaften vor den übrigen Leuten ihres Stammes auszeichneten, andernfalls hätte niemand auf sie gehört. Der einfache rote Ritter der Wälder und Prärien Nordamerikas hatte keine Möglichkeit, Reichtum zu erwerben, und so fehlte ihm auch das Streben danach ebenso wie die Gier nach Macht. Mehr als ein Mann durch Jagd oder Ackerbau erwerben konnte, zum täglichen Leben brauchte und Tag für Tag verzehrte, vermochte er nicht zu besitzen. Das war einer der Gründe, warum diese Rothäute ein so überaus gesundes, gesellschaftlich und sittlich hochstehendes Volk waren – und warum sie zugleich den Weißen und deren unstillbarem Durst nach Macht und Geld, der den Indianern völlig unverständlich war, unterliegen mußten.
Wanata nun, der oberste Friedenshäuptling aller Dakota und zugleich ihr angesehenster Kriegshäuptling, war ein Indianer mit allen hervorragenden und auch einigen schlechten Eigenschaften seiner Rasse. Ihm mußte Tecumseh jetzt sagen, was

er bei den Tschippewa erfahren und wie er sich von ihnen verabschiedet hatte. Aber da zeigte es sich, daß auch Wanata den Frieden mit den nördlichen Nachbarn nur mit dem Verstande geschlossen hatte. Sofort schlug der alte Haß der Sioux gegen die Tschippewa in hellen Flammen in ihm hoch: »Die Dakota haben ihre Gefangenen wieder, und die Squaws der Dakota sind Tecumseh dankbar dafür. Aber Kleiner Biber ist tot; er allein hat die Tschippewa zu Männern gemacht, er war ihr größter Krieger. Wenn er nicht mehr da ist, werden sie vor uns davonlaufen gleich Hasen, die der Wolf jagt. Und wenn Tecumseh an unserer Seite kämpft mit seinen Kriegern, wen sollten die Dakota dann noch fürchten? Wir werden ihnen das Messer in das Herz stoßen und darin herumdrehen so lange, bis sie um Frieden winseln.«
Trübe hörte der Shawano zu. Das war die alte indianische Weise: wilder Mut und hemmungslose Großsprecherei und der rasende Haß gegeneinander, der aus jahrzehntelanger Feindschaft kam. Wer konnte solchen Menschen helfen? –
Ende Februar trafen sich bei immer noch schneidendem Frost die Sippenältesten der Dakota in einem windgeschützten Taleinschnitt an der Mündung des Minnesotas. Bei strahlend klarem Winterhimmel fand die große Versammlung statt. Sie hatten alle von Wanata schon gehört, daß die Tschippewa sich wieder rühren wollten, daß aber Tecumseh ihnen bis zur Beendigung des Krieges gegen die Mitschi malsa die feste Zusage völliger Waffenruhe abgerungen hatte, und sie alle nahmen es auf wie ihr Oberhäuptling: voll grimmiger Genugtuung und ohne Vorwurf gegenüber Tecumseh. Sie versicherten dem Shawano, daß sie alle kommen würden, sobald der Frühling da sei. Jetzt aber wollten sie das Blaßgesicht hören. Und nicht nur hören: sehen, riechen, schmecken, abtasten wollten sie den Abgesandten Harrisons. Ongpatonga – und nicht nur er allein! – hätte ihn am liebsten zum Zweikampf herausgefordert, nur um einmal zu erproben, wie solch ein weißer Mann kämpfte. Schade, daß daran nicht zu denken war . . . er stand ja unter dem Schutz, den jeder Bote genoß!

Die Dakota hatten dem Mann den Namen Rundkopf gegeben, eine Bezeichnung, die ihrem Träger wie angegossen saß. Übrigens hatte der Weiße, der die nüchtern-korrekte Haltung Wanatas völlig mißverstand, schon den Wunsch zu erkennen gegeben, hier im Lande bleiben zu dürfen, um Büffelhäute und Pelze einzuhandeln, falls die Verhandlungen gut ausgingen, wie er nicht zweifle...

Nach einigen einleitenden Worten des Oberhäuptlings erhielt Rundkopf das Wort. Er wußte nicht, daß Tecumseh sich unter seinen Zuhörern befand, Wanata hatte ihm die Ankunft des Shawano verheimlicht, denn er wünschte, daß der Händler völlig ungehemmt spreche. Die Wirkung auf die Dakota-Häuptlinge glaubte Wanata voraussehen zu können, wenn das Blaßgesicht in der Versammlung auch nur halb so starke Worte gebrauchte wie in seiner ersten Unterredung mit ihm.

Der weiße Händler hatte einige Zeit unter den Winnebagos gelebt, die zu der Sprachfamilie der Sioux gehörten. Er konnte sich also den Dakota in deren eigener Sprache verständlich machen, wenn er sie auch nicht völlig beherrschte. Nun waren aber die Indianer die geborenen Redner, sie pflegten sehr darauf zu achten, daß sie mit ihren Worten auch genau das ausdrückten, was sie meinten. Dem Weißen unterliefen ein paar Schnitzer, die ein vergnügtes Schmunzeln auf den sonst so starren Gesichtern hervorriefen. Dadurch wurde der Weiße unsicher, und um sein Ansehen zu erhöhen, wurde er in seinen Ausdrücken schärfer, als er ursprünglich gewollt hatte.

Er könne nicht glauben, daß die Dakota so töricht sein wollten, gegen die unüberwindlichen Langen Messer auf den Kriegspfad zu ziehen. Es würde ihnen ergehen wie jenem jungen Hasen aus dem Märchen, der einen Wolf zu jagen versuchte, nachdem er geträumt hatte, der Manitu der Hasen habe ihn in einen Luchs verwandelt. Sie würden Ohren und Fell und alle Zähne verlieren ... Nur Kinder könnten glauben, sie vermöchten etwas gegen die Donnerbüchsen der

Blaßgesichter, gegen ihre ungeheure Zahl und ihre Klugheit. Und nachdem er so die empfindlichen Rothäute in ihrem Stolze verletzt hatte, begann er die bösen Schmähworte gegen Tecumseh und die Shawanos auszusprechen, die er schon Wanata gegenüber gebraucht hatte. Und je grimmiger die Gesichter der zuhörenden Sagamoren wurden, um so verletzender wählte Rundkopf seine Sätze.
Die Dakota erkannten, daß die weiße Gefahr, von der ihnen der Shawano gleich bei seinem ersten Besuch ihres Landes vor Jahren erzählt hatte, sie unmittelbar bedrohte. Tecumseh hatte ihnen wahrlich nicht zu viel gesagt. Da stand dieser eine Mann, ganz allein unter einem fremden Volke, dessen Sprache er nur zur Not verstand, deren Gebräuche er kaum kannte, er war fern von den Seinen, niemand hätte ihm helfen können, und er hatte die Kühnheit, ihnen an ihrem eigenen Feuer zu drohen, obwohl er nicht einmal ein Krieger der Langen Messer war, geschweige denn einer ihrer Häuptlinge.
Rundkopf blickte aufmerksam in die Runde. Die Indianer starrten ihn an, er glaubte, »diese Roten« zu kennen, er sah sich also nach den Wirkungen seiner Worte um, und die Gesichter der Häuptlinge gefielen ihm nicht. Ihre Heiterkeit hatte sich längst gelegt, und ihre Mienen waren undurchdringlich bei den einen, bei den anderen schlug ihm offene Feindschaft entgegen.
Der weiße Vater habe nicht die Absicht, so sprach Rundkopf weiter, Krieg gegen die Dakota zu führen, und seine weißen Kinder wollten den Frieden wie ihr Vater, der Gouverneur. Die weißen Männer wollten viel lieber Handel mit den Dakota treiben, Pelze kaufen und sie gut bezahlen mit eisernen Messern und Waffen, guten Beilen oder mit Perlen und bunten Decken für die Frauen. Aber sie dürften nicht glauben, daß der weiße Vater den Frieden wolle aus Angst oder aus Schwäche; er werde zurückschlagen mit aller seiner ungeheuren Macht, wenn die Dakota wirklich an der Seite jenes Tecumseh sich gegen ihn erheben wollten.
Die Dakota sollten also wählen. Da nun einmal das Gerücht

geflogen sei, daß sie sich mit Tecumseh und den Engländern verbünden wollten, so müsse ein Vertrag geschlossen werden. Er, Rundkopf, sei bereit, eine Häuptlingsgesandtschaft nach Vincennes zu führen, und dort könnten sie ihrem guten weißen Vater in die Augen sehen und ihm selbst sagen, daß sie seine Kinder bleiben wollten. Ohne Vertrag aber könnten die Langen Messer nicht länger mit ihnen leben.

Es entstand eine lange Pause. Die Sagamoren saßen still im Kreise, pafften ihre Pfeifen, sahen vor sich hin auf den Boden, warteten. Sie trugen die prachtvollen Federhauben auf dem Haupte, und das Leder ihrer Mäntel war bemalt mit den Darstellungen ihrer Taten. Manch eine Faust spannte sich unter dem weiten Umhang um den Griff von Tomahawk oder Steinmesser – sie wollten ihre Antwort geben, doch nur Kinder übereilen sich.

Endlich erhob sich als erster Ongpatonga. Er ließ seinen Mantel von den Schultern in den Schnee gleiten und stand in der Sonne des klaren Tages mit nacktem Oberkörper, breitbrüstig, hochgewachsen, die dicken Muskelwülste auf seinen kraftvollen Oberarmen, sein Gesicht verbarg nichts von dem, was er dachte, und seine kurze Rede auch nicht:

»Brüder, befreundete Häuptlinge! Dieser weißhäutige Fremde, der wohl weiß, daß er unter dem Schutze unserer Gesetze steht, warf Worte in unser Gesicht, die Knaben mit dem Messer beantwortet hätten. Er nannte ein anderes Blaßgesicht unseren Vater. Ongpatonga sah ihn bei dem kleinen Dorf am Flusse Wabasch. Er hat uns alle betrogen, nun möchte er uns wieder betrügen. Dieser Fremde hier schlug mit Worten außerdem den Berglöwen mitten in sein Gesicht. Der Berglöwe ist unser Gast; wir alle kennen ihn besser als der weiße Mann in Vincennes. Brüder, befreundete Häuptlinge! Ongpatonga sagt: Laßt Tecumseh selbst die Antwort geben auf das, was der Rundkopf dort gesprochen hat!«

Der Händler hatte unwillkürlich einen erschrockenen Ruf ausgestoßen, als er hörte, daß Tecumseh zugegen sei. Die Dakota aber nickten Ongpatonga zu, ja, Pesch-hi und Tinton-

ha, die alten Freunde des Berglöwen, riefen laut Beifall, was in einer solchen Versammlung ganz ungewöhnlich war. Wanata blickte stumm im Kreise. Dabei umspielte ein kaum merkliches Lächeln seine schmalen Lippen, und schließlich sagte er: »Der Rat der Alten stimmt dem Vorschlag des Häuptlings der Sisseton zu. Wenn also der Berglöwe sprechen will, so werden wir seine Worte aufmerksam anhören.«
Das war bei aller Zurückhaltung, die der Oberhäuptling geübt hatte, deutlich genug für den Händler. Doch gab er sich Mühe, unbefangen zu erscheinen. Er wußte, daß er sich hier nicht unter weißen Hinterwäldlern befand, die eine Rede wie die seine mit sofortigem Totschlag beantwortet hätten. Den Indianern war der Gesandte heilig.
Tecumseh erhob sich ohne jedes Zögern. Er trug die schlichte Lederkleidung der Wälder. Nicht eine einzige Feder hatte er im Haar, nicht eine einzige Borte aus Skalphaaren war in den Nähten seiner Leggins zu sehen, das helle bis auf die Knie herabfallende Hemd aus dem Fell eines selbsterlegten Hirsches war am Hals und auf der Brust mit einem einfachen Messer bunt verziert. Es fehlte auch hier die bei den Indianern so beliebte Darstellung ihrer Kriegstaten. Der Shawano hatte es nicht nötig, mit seinen Taten zu prunken oder gar an sie zu erinnern. Jeder kannte sie ohnehin.
»Der weiße Mann, der sein Haus in der Stadt am Wabasch hat, schickt einen Boten zu euch, Löwen der Ebene, denn er hält es nicht für nötig, selbst zu kommen. Aber er läßt euch sagen, ihr dürft zu ihm kommen, Brüder!
Der weiße Mann schickt euch nicht einmal einen Häuptling oder einen Krieger, er sendet einen Händler mit Töpfen und Messern und Tierhäuten. Der weiße Mann in Vincennes nennt sich euren Vater, ohne euch zu fragen, ob ihr seine Kinder sein wollt. Sehr groß ist die Achtung, die er euch erweist, die ihr das größte Volk in der Prärie seid!
Der Mann mit dem runden Kopf aber droht euch. Er sagt, wenn ihr Krieg führt mit den Langen Messern, so werden die Mitschi malsa euch jagen wie der Wolf den Hasen jagt. Sehr

vorsichtig also müßt ihr sein, Männer der Dakota, damit sie euch nicht jagen, wie sie uns bei Mitschilli-mackinack gejagt haben, wo sich an die hundert von diesen Wölfen in unsere Hand gegeben haben, in die Hand von Hasen, weil die Wölfe Furcht hatten, mit uns Hasen zu kämpfen! Ihr müßt euch vor ihnen leise in das wogende Gras der Prärie drücken, damit euch diese Wölfe nicht erspähen, weil sie euch besiegen würden wie bei Detroit, wo zweitausendfünfhundert dieser furchtbaren Wölfe sich von den Hasen die Krallen und die Zähne und die Ohren und sogar das Fell abnehmen ließen, weil sie so zitterten, daß sie nicht wagten, uns Widerstand zu leisten, obwohl sie mehr waren als wir und obwohl sie hinter Wällen und steinernen Mauern saßen, wir aber standen im Feld, und ihre Kanonen konnten mit jedem Schuß ein Dutzend von uns furchtsamen Hasen töten! Töten werden euch die Wölfe, auffressen mit Haut und Haar werden sie euch wie an dem großen Strom im Osten, wo sie in die Donnernden Wasser gesprungen sind, weil sie den Anblick von uns Hasen nicht ausgehalten haben!«

Tecumseh mußte eine Pause einschalten, denn das dröhnende Gelächter, die wilden Zurufe der Häuptlinge und ihr tobender Beifall machte seine Worte unverständlich. Die würdigen Sagamoren waren nicht wiederzuerkennen. Das war eine Rede nach ihrem Geschmack!

Ein eben aufkommender leichter Wind sträubte die Adlerfedern auf den Köpfen der Häuptlinge steil in die Höhe, die weiß und schwarz gefärbten Federn aus dem Stoß des Kriegsadlers, die eingekerbten, die rot gepunkteten, die gespaltenen, von denen jede einen Sieg bedeutete, einen Skalp, einen Gefangenen oder eine Wunde, jede eine Tat. Jeder schwarze, grüne oder rote Punkt auf diesen Federn, jeder Farbstrich, jeder Einschnitt hatte seine Bedeutung. Der Sioux trug an feierlichen und wichtigen Tagen seine Kriegstaten mit sich herum, es waren seine Orden. Und der Wind hob alle diese Federn nun leicht an, so daß sie sich starr aufstellten wie bei einem lebenden, gereizten Adler.

Ein Blaßgesicht am Marterpfahl

Tecumseh wartete, bis wieder Ruhe eintrat.
»Häuptlinge der Dakota! Was ist ein Bach, der in der Ebene fließt! Jeder Knabe kann ihn überspringen. Aber er sendet sein Wasser dem Vater der Ströme zu, alle Wasser dieses Landes fließen in den Vater der Ströme, und niemand kann ihn überspringen.
Blickt hinauf, Männer der Dakota! An diesem Himmel unseres Landes fliegen die Schwärme der Vögel im Herbst von Norden nach Süden, und sie kehren im Frühling zurück und ziehen von Süden nach Norden, ihre Wanderzüge sind groß wie schwarze Gewitterwolken und ebenso dicht, und sie sind Nahrung für alle roten Völker.
Das Gebrüll der Büffel schallt im Frühling und Sommer und Herbst von allen Hügeln um uns her und die Schreie der Hirsche aus den Wäldern. Auch sie sind die Nahrung der Menschen von roter Haut und schwarzem Haar.
Seht diesen Pfeil, Brüder! Ich breche ihn mit dieser Hand. Er ist zerbrochen, er liegt am Boden. Es ist nicht schwer gewesen, ihn zu zerbrechen. Aber seht dieses Bündel Pfeile, verschnürt mit dem Bande der Freundschaft! Niemand kann es zerbrechen.«
Tecumseh hob ein dickes Bündel hoch, das Rabenkopf ihm gereicht hatte.
»Niemand kann es brechen, denn mitten in den Pfeilen steckt die Kriegsaxt. Und ein Band der Freundschaft hält alle diese Pfeile zusammen. Nehmt ihr das Band der Freundschaft fort, so fallen die Pfeile auseinander, und sie sind wie schwache, vertrocknete Zweige der Weide, die im Wind seufzt. Ein Kind kann sie brechen, und vielleicht sogar einer von jenen gewaltigen ›Wölfen‹. Wenn ihr aber dieses Band fest und eng schnürt, wer könnte dann die Pfeile zerbrechen?
Hört ihr die Stimme des Shawanos, Löwen der Ebene? Uns

roten Männern gab der Große Geist dieses Land, uns ganz allein. Kann man Land verkaufen, wie man Büffelhäute verkauft, oder tönerne Töpfe oder gedörrte Fische? Kann ich einen Fluß verkaufen, kann ich das Gras verkaufen im Sommer oder den Schnee im Winter? Den Sturm, der über das Eis kommt, oder die milde Luft, die den Abend bringt?
Brüder! Ein weißer Mann will wieder einmal einen Vertrag mit einem Volke der Erdgeborenen schließen. Man kann Verträge schließen mit roten Männern und mit weißen Männern.
Schließt also den Vertrag mit eurem ›weißen Vater‹ in Vincennes, geht hin vor sein Gesicht und setzt die Zeichen eurer Sippen auf das Leder, damit auch ihr lernt, was ein weißer Mann meint, wenn er sagt, er sei der Vater seiner roten Kinder!«
Diese Worte waren mit so bösem Hohn gesprochen, daß sich unter den Zuhörern ein Knurren erhob.
»Hört, Männer der Dakota! Der Shawano wurde getrieben von den großen Seen bis an das Salzmeer, von dem Salzmeer bis in das südliche Gebirge. Er ist gejagt und gehetzt worden von den weißen Männern, denn er hat dem geglaubt und vertraut, was sie einen Vertrag nennen. Hört, wie der weiße Mann Verträge hält!«
Und nun brach die durch alle Ereignisse der letzten Zeit angestaute Erregung durch. Er begann eine furchtbare Aufzählung; der inbrünstige Glaube an seine Aufgabe verlieh seinen Worten hinreißende Kraft. Er schilderte Vertragsbruch auf Vertragsbruch, wie man einzelne ermordet, ganze Stämme abgeschlachtet, Dörfer verbrannt, Maisfelder zerstört und zertrampelt, Gräber der Toten erbrochen und geschändet, Völker gegeneinandergehetzt hatte.
»Schließt den Vertrag, Männer der Dakota. Die weißen Männer werden ihn brechen. Dort sitzt ihr Abgesandter. Fragt ihn, ob sie den Frieden halten oder ob sie nicht auch diesen Vertrag brechen werden. Fragt ihn, damit wir sehen, ob er es wagt, die Wahrheit zu sagen.«

Tecumseh wies mit ausgestreckter Hand auf den Pelzhändler hin, der seiner Rede mit Ingrimm und mit Bewunderung gefolgt war. Nun sah er sich selbst geradezu angeredet. Und er murmelte laut vor sich hin, in der Stille deutlich vernehmbar, aber er sprach englisch, und kein Dakota verstand englisch.
»Natürlich werden wir ihn brechen, du verdammter roter Schuft – or never again I'll take a Siouan scalp *.«
Das letzte war eine unter den Grenzern der damaligen Zeit übliche Verwünschung. Damit schloß man eine Erzählung am Wirtshaustisch: May I never have a scalp – wenn das nicht wahr ist, was ich erzähle.
Tecumseh brüllte laut und stürzte auf den Weißen zu; mit ihm zugleich waren Rabenkopf und Puchte-thai von ihren Sitzen geschnellt. Tecumseh hatte seinen Tomahawk von der Seite gerissen und wirbelte ihn über seinem Kopf, um zuzuschlagen. Der Händler, ein unerschrockener Mensch, schrie entsetzt auf, als der rasende Shawano so plötzlich vor ihm stand, und griff dann zu seinem Gewehr. Doch er wäre viel zu spät gekommen.
Aber schon hatte Tecumseh sich wieder in der Gewalt. Er riß dem Mann das Gewehr aus der Hand und zerrte ihn in die Mitte des Platzes.
Wanata rief eine Warnung, denn Friedensboten waren unantastbar. Aber Tecumseh antwortete:
»Höre, Wanata, hört Männer der Dakota, was dieser Mann gesagt hat.«
Und nun übersetzte er laut die Worte des Händlers für die ganze Versammlung.
»Sie sind Mörder und Friedensbrecher von dem Tage ihrer Geburt an. Seht her, Krieger der Dakota«, und er wies auf die ledernen Beinkleider des Händlers, die tatsächlich den schauerlichen Schmuck aufwiesen, von dem der Shawano nun sprach. »Er trägt Skalphaare der getöteten Feinde in den Nähten seiner Leggins. Die weißen Männer haben schwarze

* »– oder ich will niemals wieder einen Sioux-Skalp nehmen.«

und braune und gelbe Haare. Aber seht ihr ein gelbes oder ein braunes Haar? Es sind die Kopfhaare von roten Männern, die er erschlagen hat, denn alle Haare sind schwarz. Und es sind Sioux-Skalpe dabei, er hat es selbst gesagt. »Wieviel Sioux hast du gemordet?« fragte er nun den tief erblaßten Pelzhändler.

Er hatte keine Zeit zu antworten. Der grausige Kriegsschrei der Dakota erscholl aus dem Haufen der Häuptlinge. Eine unbeschreibliche Erregung hatte die kühlsten Köpfe mitgerissen. Rundkopf war ein verlorener Mann. Er war nicht mehr Friedensbote, sondern Angeklagter.

Wanata brüllte zwei Führern des Bundes der »Hunde«, die neben ihm gesessen hatten und sich wie die anderen in das Gewühl stürzen wollten, einige Worte zu. Sie stockten, blickten sich um, sahen den Oberhäuptling, der gebietend mit herrischer Gebärde aufrecht stand, um sich bemerkbar zu machen. Sie gewannen ihre Ruhe zurück, sie erinnerten sich ihrer Pflichten. Sie waren die Lagerpolizei. Gleichzeitig erhoben sie ihre Befehlslanzen quer über den Kopf, und der Herold der Teton begann, dumpf die Trommel zu schlagen. Er schritt den beiden »Hunden« voran; die Häuptlinge machten Platz. Die Führer der »Hunde« nahmen den Pelzhändler in die Mitte und brachten ihn vor Wanata.

»Männer der Dakota!« rief der Oberhäuptling. »Kein Friedensbote wird getötet bei den Dakota. Wanata wird ihn schützen. Wer nicht den Tod Wanatas will, greife ihn nicht an.«

Beschämt senkten sich da und dort einige Köpfe. Tecumseh, der sich längst wieder fest in der Gewalt hatte, sah den Oberhäuptling mit freudiger Zustimmung an. Kühle und tapfere Männer brauchte er, Männer, die ihr Volk im Zaum halten konnten.

Überall herrschte Schweigen; auch die, die den Weißen am liebsten sofort an den Pfahl gestellt hätten, sagten nichts. Die Macht der Persönlichkeit Wanatas war groß. Nur Ongpatonga sprang auf. Er trat einige Schritte vor.

»Aber er ist ein Mörder. Soll er ohne Strafe bleiben?«
Doch mit kühler Würde fragte Wanata zurück:
»Trägt Ongpatonga nicht auch Skalpe roter Männer an seinen Leggins?«
Die Worte waren wie ein scharfer Windstoß, der ins Gras fährt, das sich vor ihm zur Erde beugt. Mit Wärme fuhr Wanata fort:
»Brüder, wir wollen sorgen, daß kein roter Mann mehr von unserem Messer fällt. Der Berglöwe hat recht. Aber wir alle tragen Skalpe an den Leggins, keine Skalpe weißer Männer.«
Und zu Ongpatonga:
»Dieser Mann ist ein Bote des weißen Häuptlings. Der Bote wird zu seinen Brüdern zurückgeschickt. Sie sind Betrüger, er hat es selbst gesagt. Sie schließen Verträge, und sie wissen schon, daß sie die Verträge brechen werden. Auch er ist ein Betrüger. Er trägt Sioux-Skalpe an seinen Leggins. Der Töter unserer Brüder wird nicht ohne Strafe ausgehen. Wir werden ihn zurückschicken zu seinem Häuptling, und jeder soll sehen, wie der Dakota den Wortbrüchigen straft. Bindet ihn!« fuhr Wanata fort, während das ahnende Schweigen der Erwartung unter den Häuptlingen saß. »Bindet ihn. Errichtet den Pfahl. Auf, ihr Männer, der Dakota, straft schnell. Schlage die Trommel, Rufer der Sippe!«
Der Pelzhändler hatte alles verstanden. Mit einer plötzlichen Wendung befreite er sich aus dem Griff der beiden »Hunde«, drehte sich um, raste quer über den Platz, sprang über die dort Sitzenden hinweg, aber da gellte ein Ruf. Die Dakota sahen einen Indianer dem Fliehenden nachsetzen, dicht hinter ihm liefen zwei andere, die beiden »Hunde« schlossen sich ihnen an, sie hörten einen Schrei des Entsetzens, und sie sahen, daß der weiße Mann niedersank, daß Tecumseh schon über ihm stand, ihn wieder hochriß und ihn Rabenkopf und Puchte-thai zuwarf. Da waren auch die beiden »Hunde« schon bei der Gruppe, sie banden dem Weißen, der sich nicht mehr wehrte, die Hände auf den Rücken und kamen mit ihm zurück. Tecumseh hob das Messer auf und folgte ihnen. Er

hatte dem Pelzhändler im Laufen sein Messer mit solcher Wucht in die Kniekehle geworfen, daß der Fliehende sofort zusammenbrach. Rundkopf war unverletzt, denn nur der Griff aus Hickoryholz hatte ihn getroffen. Er stand jetzt mit gesenktem Kopf da, breitbeinig, er sah den »Hunden« zu, die am Pfahl arbeiteten. Er war grau im Gesicht, aber seine Züge waren finster und von erbitterter Entschlossenheit. Nein, ein Feigling war dieser Mann nicht.
Das Dröhnen der Baumpauke hatte das Winterdorf aufgeschreckt. Aus den tief verschneiten Erdhütten stürzten die Knaben und Mädchen, soweit sie sich nicht bei den Winterspielen draußen herumtrieben, die in aller Welt bei allen Kindern die gleichen sind. Ihnen folgten die Mütter. Sie alle sahen sofort, daß etwas Besonderes vorging. Die erste Meldung brachten schnellfüßig heranspringend die Knaben, sie überschrien sich in ihrer wilden Erregung. Aber doch war sehr bald zu hören, daß ein Pfahl errichtet werde, daß Rundkopf gebunden sei ... Ein Bote gefesselt? Das genügte, um auch den zurückhaltendsten Krieger zu schnellerem Schritt zu bewegen. Hunderte von erwartungsvollen Menschen standen um den Platz, auf dem die Häuptlinge nun wieder ruhig im Kreise saßen.
Wanata erhob sich und erzählte, was vorgefallen war. Diesmal wandte er sich nicht nur an die Häuptlinge, alle sollten ihn hören. Er unterdrückte seine Empörung nicht, er sprach laut und rasch und heiß. Und die Schreie aus der Menge antworteten, Schreie des Zorns, des Hasses, des Beifalls.
»Männer der Dakota! Der fremde Mann in der Stadt der Mitschi malsa am Wabasch, der sich unser Vater nennt, ohne uns gefragt zu haben, ob wir seine Kinder sein wollen, sandte einen Boten. Der Bote sollte einen Vertrag mit uns schließen, obwohl wir gar nicht darum gebeten haben. Jetzt sollt ihr sehen, wie der Dakota den Lügner bestraft.«
Damit wandte er sich dem weißen Händler zu. Mit fürchterlicher Stimme schrie er über den Platz:
»Bindet ihn an den Pfahl! Reißt ihm die Kleider herab!«

Der Weiße wurde herbeigestoßen. Aber er machte sich von seinen Führern und Wärtern los und ging mit raschen Schritten auf Wanata zu. Er sah dem Oberhäuptling in das Gesicht. »Verbrennt mich, martert mich, schneidet mir das Fleisch heraus! Ich lache über euch, die ihr feige Köter seid wie die Hunde in euren lumpigen Hütten. Aber fürchtet die Rache der Langen Messer. Sie heißen so, weil ihre Messer weit reichen. Sie werden auch die Zelte der Dakota finden. Auf, fangt an!« schrie Rundkopf seine Wächter an.
Der Mann hatte ein wildes Herz. Er verlor den Mut nicht. Er war allein unter Hunderten von Roten, aber er beschimpfte sie. Die Wächter rissen ihm die Kleider vom Leibe und banden ihn an den Pfahl, so daß er sich nicht rühren konnte. Er stand splitternackt da, und die Roten sahen mit Erstaunen seine blasse Haut. Er hatte ein wetterverbranntes Gesicht und braungebrannte Hände wie ein Indianer. Aber seine Haut war weiß, und sie hob sich grell ab von dem dunklen Braun der Rinde des Stammes, an den er gebunden war. Er war allein, niemand konnte ihm helfen, er war nackt und gefesselt, aber er zitterte nicht, trotz der Kälte des Wintertages.
»Fang an, Hund von einem Dakota«, schrie er, »du sollst sehen, wie ein Blaßgesicht stirbt.«
Wanata betrachtete ihn mit dunklen Augen. Es wurde still um ihn. Dann sprach er: »Es mag sein, daß die Langen Messer die Boten des Friedens ermorden. Bei den Dakota ist ein Bote unantastbar, auch wenn er ein Lügner und der Bote von Lügnern ist. Du wirst nicht sterben, und du weißt, daß dein Leben sicher ist. Darum schreist du wie ein Kojote und zeigst uns deinen Mut.
Friedensboten werden nicht ermordet im Lande der Dakota. Aber hört und seht, ihr Männer meines Volkes, und auch ihr Knaben, hört und seht genau, damit ihr es als Männer noch wißt, wie Wanata eine Lüge ausstreicht. Der Runde Kopf soll zurückgehen zu seinem Volke und sagen, daß jedes Band zwischen ihnen und uns zerrissen ist. Und wenn sie ihn dort einen Lügner nennen, wie wir ihn hier nennen, so muß er zei-

gen können, daß er die Wahrheit spricht. Denn Lügner glauben den Worten von Lügnern nicht. Seht her, Männer der Dakota, was ich tue.«
Er nahm das Messer wieder in die Hand, das er vorhin in den Gürtel gesteckt hatte, und vor dem Blick des unerbittlichen Hasses, mit dem ihn der Dakota anstarrte, erzitterte nun der Weiße doch. Wanata hob das Messer, und die Menge schrie auf. Er zog einen geraden Strich über die Brust des Weißen, einen Strich, der von links oben nach rechts unten ging, einen Strich mit der Spitze seines Messers, unter dem sofort das Blut hervorsprang und den weißen Körper rot überfloß. Und dann zog er einen zweiten Strich von rechts oben nach links unten quer durch den ersten. Er strich ihm ein blutiges Mal über die Brust und schnitt dann ein anderes in seine Stirn.
Der Weiße hatte die Zähne aufeinandergebissen und gab keinen Laut von sich.
»Bindet ihn los, führt ihn an sein Haus, gebt ihm sein Pferd, laßt ihn packen, geleitet ihn aus unserem Lande und sagt allen, die ihr trefft: So streicht der Dakota Verträge der Lüge aus!«
Rundkopf wurde losgebunden. In seinen Augen stand eine hemmungslose Wut. Er hob den Kopf, aber er besann sich. Er spuckte dem Häuptling nicht in das Gesicht, wie er gewollt hatte. Er hatte sein Leben behalten und wollte es nun nicht mehr verlieren. Er spuckte ihm vor die Füße. Dann ließ er sich davonführen, die Menge wich vor ihm zurück, die »Hunde« umgaben ihn zu seiner Sicherheit.
Zwei Stunden später ritt Rundkopf nach Süden. Die Dakota hatten ihm erlaubt, den Saft blutstillender Pflanzen auf seine Wunden zu träufeln und sie zu verbinden, und er war bei vollen Kräften.

Der Schwur des Shawano

Etwa zehn Tage nach diesen Ereignissen traf erschöpft, halb verhungert, mit hohlen Wangen und am Rande seiner Kraft Biberkopf, Wanatas Sohn, mit Baumspäher und den beiden übrigen Shawanos ein, die Tecumseh von York aus zu den Dakota gesandt hatte – damals als die ersten Rauchsignale die Nachricht von der Kriegserklärung gebracht hatte. Sie berichteten, daß die Kickapus und Utagamis zu den Mitschi malsa übergegangen seien, da sie die Lügereien Ten-squa-tawas und die Verluste in der Schlacht am Tippekano nicht vergessen konnten und nun beschlossen hatten, sich an Tecumseh und den Shawanos für den Betrug zu rächen, den er an ihnen verübt habe.

Aber es kam noch schlimmer. Biberkopf berichtete, sie seien im Land der Utagamis befragt worden, wohin sie ziehen wollten. Als sie von der Botschaft berichteten, die sie Tecumseh zu bringen hätten, seien sie als Feinde festgehalten worden. Mataton sei mit drei Sisseton am Marterpfahl gestorben. Er selbst habe mit den Hunkpapa folgen sollen, und als letzte hätten dann die Shawanos getötet werden sollen. Aber sie seien geflohen. Sie wären schon früher verbrannt worden, aber im Lager der Utagamis sei eine Gesandtschaft des Weißen Vaters aus Vincennes gewesen, und solange die Blaßgesichter anwesend waren, hätten die Utagamis nicht gewagt, sie an den Pfahl zu stellen.

Ja, Tecumseh begegnete nicht nur den Spuren Ten-squa-tawas. Auch Harrison war überall am Werk, auch seine Boten gingen durch die Lande und säten Zwietracht unter den Kindern Manitus.

Sofort waren die weißen Sitten wieder zu spüren. Die Kickapus und Utagamis begannen den Krieg, ohne vorher Botschaft zu senden, sie stellten Gesandte, die bei allen roten Völkern unantastbar waren, an den Pfahl. Sie hatten es so aus

ihren Kriegen mit den Langen Messern gelernt. War nicht auch Harrison ohne Kriegserklärung in das Land der Indianer eingefallen, das doch den vereinigten Stämmen der Rothäute im letzten Friedensvertrag von General Wayne ausdrücklich als ihr Land zuerkannt worden war?
Tecumseh sah die kühlen Blicke der Dakota, er sah die kalte Höflichkeit im Antlitz Wanatas, als der Häuptling sagte, die Sioux würden ihr Versprechen halten, wie sie es gewohnt seien. Zudem seien nun die Mitschi malsa auch ihre direkten Feinde, da sie ja Bundesgenossen der Kickapus und Utagamis seien.
Aber Tecumseh las die Gedanken, die im Kopfe Wanatas kreisten. Der Dakota hatte gehofft, Frieden zu erhalten und die Mitschi malsa nicht in seinem Lande zu sehen. Alles hatte so gut begonnen. Die Tschippewa hatten Frieden gemacht, die Kickapus und Utagamis waren Bundesgenossen geworden, nun aber drohten die alten Feinde wieder, und als neue Gegner waren die Langen Messer hinzugekommen. Das war die Frucht der Taten Tecumsehs.
Ongpatonga hatte noch nichts gesagt. Die Nachricht vom Tode seines Sohnes hatte ihn in finsteres Brüten versetzt. Nun stand er auf: »Ongpatonga wird Mataton rächen, daß man das Winseln seiner Feinde überall in der Prärie hören wird. Sie sollen lauter schreien als der Schneesturm, der aus dem Norden kommt. Wird auch Tecumseh Rache nehmen für seinen Gefährten, der ihn auf der langen Wanderung an das Salzmeer begleitet hat?«
Das war geradeaus gefragt. Und der Shawano war nicht der Mann, auf eine gerade Frage krumm zu antworten.
»Kommt nach Detroit, und ihr werdet sehen, wie der Berglöwe den Tod aller Kinder Nanabozhos rächt, die auf das Geheiß der Mitschi malsa gestorben sind. Gegen die Utagamis kann ich nicht ziehen. Aber wenn ich Harrison gefangennehme, so wird einmal in seinem Leben auch der Berglöwe die Hand an einen Gefangenen legen. Er wird mit mir kämpfen müssen, und das heißt, daß er ein toter Mann ist.«

Aber es war eine zu lange Rede gewesen. Ongpatonga hatte sie doch als krumme Rede verstanden; er hörte nur heraus, daß der Shawano nicht an seiner Seite gegen die Utagamis ziehen wolle. Der riesige, breitschultrige Mann sah den fremden Häuptling an, der nach seiner Meinung schuld am Tode seines Sohnes war. Er hielt mühsam an sich, denn Tecumseh war Gast. Und so sagte er voll Verachtung:
»Die Dakota können nur den Fisch essen, den sie gebraten haben. Es mag sein, daß die Shawanos satt werden von denen, die noch in den Flüssen schwimmen.«
Er wandte sich ab.
»Auf, sende Boten, rufe die Krieger, damit wir die Utagamis töten, wo wir sie finden!« schrie er noch Wanata zu. Dann verließ er das Erdhaus. Der junge Baumspäher saß mit undurchdringlichem Gesicht zur Linken Tecumsehs. Zu Tecumsehs Rechten aber saß Rabenkopf und nicht mehr wie damals Ein Pfeil.
Die Sisseton waren Ongpatonga gefolgt. Von draußen war Lärm zu hören und die brüllende Stimme des schwer beleidigten Häuptlings, der nur noch an Rache für seinen ermordeten Sohn dachte. Man hörte ihn Befehle geben, Boten an die Sippen seiner Abteilung ausschicken; die Sisseton machten sich bereit, über die Utagamis herzufallen. In wenigen Wochen würden sie hier sein.
Im Hause Wanatas aber herrschte Stille. Tecumseh bat den Dakota um eine Unterredung unter vier Augen. Sie traten in das Freie heraus, stellten sich auf Schneeschuhe und wanderten in die Wildnis. Der Shawano sprach. Die Meldungen Biberkopfs hatten ihn nicht weniger erregt als das Verhalten Ongpatongas. Er sah ein, daß es vergeblich sein würde, den aufgeregten Menschen wieder für sich zu gewinnen. Aber er mußte Wanata überzeugen. Noch einmal gelang ihm eine seiner leidenschaftlichen Reden, er bestürmte den zurückhaltenden Dakota, und er sah, wie seine Gründe Eindruck machten. Wanata aber fühlte, daß der Shawano ehrlich war. Und das Versprechen Tecumsehs, ihm zur Seite zu stehen, wenn

etwa die alten Erbfeinde den Dakota nach dem Friedensschlusse mit den Langmessern wieder den Krieg erklärten, gewann ihm schließlich die Freundschaft Wanatas zurück.
»Aber die Dakota können nun nicht mehr mit allen ihren Kriegern ausziehen. Die Sisseton werden sich gegen die Utagamis wenden, und Wanata muß ihnen von seinen jungen Leuten Hilfe schicken. Wanata muß auch eine Wache gegen die Tschippewa in seinen Dörfern lassen, denn vielleicht packt der Übermut die jungen Krieger der Tschippewa. Statt mit sechstausend Kriegern, wie ich wollte, kann ich nur mit zweitausend kommen. Doch Wanata selber wird sie führen.«
Tecumseh atmete auf. Er versprach, den Utagamis die Kriegserklärung der Dakota zu überbringen und zu versuchen, die Kickapus zum Frieden zu bewegen.
Im tropfendnassen März dieses entscheidenden Jahres 1813 ritt er in die Zeltstädte der Kickapus ein. Rechts und links von ihm ritten Baumspäher und Rabenkopf, sie trugen das Zeichen des Indianerbundes in ihren Händen, das Bündel geschwärzter Pfeile, in dem Tomahawk und Friedenspfeife staken und das umschlungen war vom Bande der Freundschaft. Er selbst aber trug die rote Binde des Anführers der »Hunde« um die Stirn und die rotumwickelte Führerlanze in der Hand. So ritt er furchtlos und drohend von einem der Dörfer zu dem anderen, hinter ihm stand die Macht des Dakota-Bundes, aus seinen Augen aber leuchtete die todverachtende Kühnheit des Berglöwen, dessen Name in diesem soeben vergangenen Kriegsjahr von neuem Ruhm umglänzt war. Mitschilli-mackinack, die Schlacht am Huronenfluß, der Kampf bei Maguaga, der Fall von Detroit – das waren unerhörte Sterne in seinem Ruhm. Und bei Queenston war er zugegen gewesen. Daß die Mitschi malsa auch dort geschlagen worden waren, war längst im Westen bekannt geworden, nun fuhr die bleiche Angst in die Herzen der Kickapus. Sie versprachen Frieden, sie sagten den Mitschi malsa ab, denn sie wußten, die Langen Messer waren nah, aber die Dakota noch viel näher. Zugleich drohte Tecumseh auch ihnen mit der Ra-

che Ongpatongas, falls sie nicht sofort versprachen, sich ruhig zu verhalten.
Dann aber durchquerte der Shawano das Land der Utagamis. Er ritt in das Dorf, in dem Mataton getötet worden war. Er donnerte in die Versammlung der Ältesten den Häuptlingen die Kriegserklärung der Dakota in das Gesicht. Wanata und Ongpatonga würden kommen mit je zweitausend Mann, denn sie hätten Frieden mit allen anderen Nachbarstämmen, und das Strafgericht für Treuebruch und Mord werde so hart sein, wie sie es verdienten.
»Nun mögt ihr sehen, ob die Mitschi malsa euch helfen werden, oder ob der Berglöwe recht hat, der euch immer gesagt hat, daß sie treulos sind wie die Schakale der Prärie. Schnell habt ihr gelernt, die Ehre und das Gesicht roter Krieger abzulegen, die Dakota aber werden euch das Messer mitten in das Herz stoßen.«
Niemand von den Utagamis wagte, Hand an Tecumseh zu legen. Er nahm einen Pfeil aus seinem Bündel, das ihm Baumspäher entgegenhielt.
»Seht her!« donnerte er. »So wie ich diesen Pfeil hier von den anderen trenne, die durch die Freundschaft aller stark sind und stark bleiben, so habt ihr euch aus unserer Mitte entfernt! So wie ich diesen Pfeil nun, da er einzeln ist, zerbreche, so werdet ihr zerbrochen werden, da ihr nun allein seid. So wie ich diese Stücke hier zertrete, so werdet ihr vom Rat der Kinder Manitus zertreten werden, wie ihr es verdient habt.«
Damit ritt er davon, während die Versammlung der Häuptlinge stumm zurückblieb.

Der Haß der weißen Männer

Er traf auf seinem Ritt eine Schar von Winnebagos und drang mit ihnen nach Peoria vor, wo die Amerikaner sorglos in den Tag hineinlebten, da sie des sicheren Glaubens waren, hier im Lande der Utagamis, die soeben ihre Bundesgenossen geworden waren, gegen alle Feinde gefeit zu sein. Tecumseh aber ritt am frühen Morgen mit hundert Winnebagos durch das offene Tor ein, warf die Wache im ersten Ansturm über den Haufen, hielt vor dem Hause des Kommandanten und nahm ihn mit allen Offizieren gefangen. Sana mahonga erhielt mit seinen Leuten unermeßliche Beute und fand erneut bestätigt, daß es besser sei, zu Tecumseh zu halten, statt auf Wapamangwa zu hören, der dem Shawano immer noch grollte.
Den Amerikanern stieß der bleiche Schrecken ins Herz, die Farmer verließen Hals über Kopf ihre Farmen, ihre Viehweiden und Ackerstellen, Tecumseh aber ritt gemächlich hinter dem Strom der Flüchtlinge her, trieb sie nach Osten, nach Vincennes, das Land ward leer von Blaßgesichtern, und wieder sah Sana mahonga, daß man mit dem Berglöwen den Krieg führen mußte. Überall brannten die Blockhäuser und Schanzweiler der Weißen, Tecumseh aber hielt eiserne Disziplin, keiner Frau, keinem Kind geschah ein Leid, keinem Mann, der sich gefangengegeben hatte, wurde ein Haar gekrümmt. Er war hundertmal menschlicher gegen die Weißen, als sie es jemals gegen Indianer gewesen waren.
Das aber erleichterte ihm seine Erfolge, denn bald verzichteten die Farmer auf jeden Widerstand. Wenn eine Flucht aussichtslos war, so gaben sie sich sofort ohne Gegenwehr mit allen Angehörigen in die Gewalt Tecumsehs, da sie wußten, daß ihr Leben dann gesichert war. Der Shawano beschlagnahmte alle Pferde, alles Vieh, alle Geräte, ließ alle Ansiedlungen in Brand stecken, aber weiter geschah nichts. Wohl aber strömten ihm nun Pottawatomis, Miamis, Krieger der

Wea und Wawiachta zu, und selbst sein Widersacher Winnemac kam; er mußte kommen, wollte er nicht alle Gefolgschaft in seinem Stamm verlieren.
Anfang April erreichte den Shawano die Nachricht, daß die Dakota im Anmarsch seien. Wenige Tage später konnte er seinen vor wilder Freude tanzenden Kriegern, die inzwischen auf fünfzehnhundert Mann angewachsen waren, verkünden, daß die Mitschi malsa Cahokia und Kaskaskia verlassen hätten. Nun war der ganze Westen frei von den verhaßten Feinden, nun war Vincennes am Wabasch der letzte Posten, den die Langen Messer noch hielten. Tecumseh warf sich sofort dorthin, aber er kam doch zu spät, um die Besatzungen der beiden aufgegebenen Forts auf ihrem Zuge nach Osten abzufangen. Sie schlüpften gerade vor ihm hinter die Palisaden von Vincennes. Nun aber flogen auch die Verzagtesten der roten Krieger ihm zu, viel Spreu war in seinem Kriegshaufen, es war fast unmöglich, diese Banden noch in Zucht zu halten. Doch erwuchsen dem Berglöwen unerwartete Helfer, denn genau wie ein paar Tage zuvor Winnemac, war auch Wapamangwa, der Winnebago, der nach dem Fall von Detroit der Urheber der Meuterei gewesen war, bei Tecumseh erschienen und hatte um gut Wetter gebeten. Auch er lief genau wie Winnemac hinter seinen Kriegern her, um sie überhaupt noch in der Hand behalten zu können, da sie sonst ganz zu Tecumseh übergegangen wären. Und diese beiden zusammen mit dem eisern-sturen Sana mahonga faßten nun in Tecumsehs Auftrag die wilden Horden mit harten Händen an, die sich jetzt bei dem Shawano angesammelt hatten, brüllten ihnen Achtung und Angst in den Leib, und die Furcht vor dem Berglöwen tat das ihre.
Aber dennoch gelang es ihm nicht, Vincennes zu nehmen. Dort befehligten Offiziere aus der Schule Harrisons. Obwohl er selbst nicht zugegen war, denn ihm war der Oberbefehl über alle Truppen im Westen übertragen worden, herrschte doch sein Geist in Vincennes. Seine Offiziere hatten die hereingeströmten Flüchtlinge in Kompanien und Züge aufge-

teilt, sie ließen exerzieren, sie dachten nicht an Flucht oder Übergabe. Außerdem aber waren in Vincennes an die tausend Kentuckyer eingetroffen.

Mitten im Winter war Harrison mit fast dreitausend Mann nach Norden aufgebrochen. Noch im Herbst hatte er rücksichtslos die Dörfer der Roten niederbrennen lassen, die auf seinem künftigen Vormarschwege lagen, auch die von Stämmen, die friedlich hatten bleiben wollen. Es war zu haarsträubenden Scheußlichkeiten gegen völlig unschuldige Rote gekommen, die in aller Ruhe der Jagd und der Maisernte nachgegangen waren, und die nun in heller Verzweiflung nach Detroit zu Proctor geflohen waren. Harrison selbst hatte zwar alle Gewalttaten gegen Menschen verboten, aber Menschen waren ja die Indianer in den Augen der Kentuckyer nicht.

Als er dann Anfang Januar des neuen Jahres den Vormarsch begann, war Proctor längst gewarnt. Der rechte Flügel der Amerikaner, in der Hauptsache Reguläre, rückte unter Harrisons eigener Führung den Sandusky abwärts gegen den Erie-See vor, der linke Flügel zog den Maumi hinunter. An den Schnellen des Maumi sollte dieser Teil der Amerikaner, der unter General Winchester stand, auf den Oberbefehlshaber und seine Soldaten warten. Aber es ging hier wie am Niagara, Winchester war dienstälter als Harrison, ihm hätte nach seiner Meinung der Oberbefehl zugestanden. Er suchte eigenen Ruhm, beeilte seinen Vormarsch und traf mehrere Tage vor Harrison an den Schnellen ein. Hier erreichte ihn die Nachricht, daß das nahe Frenchtown am Raisin nur von einer geringen Anzahl von Engländern besetzt sei. Er sandte seine Kentuckyer gegen den Ort vor, die ihn – in vielfacher Übermacht – im ersten Ansturm nahmen. Winchester rückte am nächsten Tage nach, er träumte von der Rückeroberung Detroits.

Er ließ seine Regulären außerhalb ihr Lager aufschlagen, wo sie im bitteren Frost sich fast die Glieder vom Leibe froren. Und als sie im Grau des Morgens steif und kalt sich erhoben, da heulte ihnen der Kriegsschrei roter Krieger in die Ohren, englische leichte Kanonen donnerten, die Bajonette der Soldaten Proctors und die Tomahawks seiner indianischen Hilfstruppen fuhren unter sie. Winchester hatte sich nicht, wie er es doch von seinen Soldaten verlangt hatte, draußen in den Schnee gelegt, er hatte drinnen im Ort übernachtet. Jetzt jagte er entsetzt heran und geriet unverletzt in Gefangenschaft, aber trotzdem war es noch ein bitterer Kampf, denn die Kentuckyer wehrten sich besser als die Regulären; sie mochten wohl ahnen, was ihnen bevorstand, da die Indianer mit einer todesverachtenden Wut angriffen, als ob sie von Tecumseh geführt würden. Aber der Shawano war im Westen, die Roten leitete allein ihr heißer Wunsch nach Rache, denn es waren die Stämme, deren Dörfer eben diese Kentuckyer vor wenigen Wochen zerstört hatten. Schließlich gaben sich die Amerikaner gefangen, Proctor versprach feierlich Schonung von Leib und Leben.

Er hatte selbst ziemliche Verluste gehabt, nun fürchtete er, daß Harrison ihm das gleiche Schicksal bereiten könne, das er soeben Winchester zugefügt hatte, denn seine roten Späher meldeten ihm bereits, daß der Gouverneur mit Verstärkung herannahe. So zog denn Proctor in Eilmärschen den Weg zurück, den er gekommen war, über das Eis des Erie nach Malden hinüber. Die Engländer waren an der Spitze, ihre Verletzten auf Schlitten mitten im Zuge der Regulären, dann kamen die unverwundeten und die marschfähigen verwundeten Gefangenen, und den Schluß bildeten die Roten. Es war ein klares Todesurteil, das der englische Oberst mit dieser Marschordnung aussprach, denn er kannte ja den Haß, der die Indianer beseelte. In der Dämmerung der früh hereinbrechenden Winternacht schlachteten die schwer gereizten Indianer die Verwundeten ab, dann die unverletzten Gefangenen, die ja waffenlos waren. Viele entliefen nach vorn zu den Soldaten, die menschlicher waren als Proctor und sie in ihren Reihen mitmarschieren ließen, oder sie flohen auf das Eis des Sees hinaus; viele fand man später erfroren an den Ufern des Detroit, viele ereilte in den folgenden Tagen doch das Schick-

sal, unter dem Tomahawk zu verbluten, andere aber wurden von den roten Kriegern am Leben gelassen, die der Jammer rührte und die ja wußten, daß sie mit dem Morde an diesen hier ihre niedergemetzelten Angehörigen nicht wieder zum Leben erwecken konnten. Aber die meisten blieben doch auf diesem Marsch über das Eis des Erie liegen, der Weg durch den Schnee bestockte sich mit grauenvollen Leichensteinen.
Proctor, der an der Spitze marschierte, rührte nicht, was hinter ihm vorging, er ließ morden und metzeln, die Kentukkyer um ihr Leben rennen, seine Ohren waren taub, und seine Offiziere folgten seinem Beispiel. Sie hatten wohl Angst, daß die Indianer sich gegen sie wenden würden, falls sie einzuschreiten versuchten.
Die Füchse und Wölfe fraßen sich voll am Fleische weißer Menschen.
In Frenchtown aber erlitten achtzig Schwerverwundete, die nicht transportfähig waren und dort auf das Eintreffen von Schlitten warteten, das gleiche Schicksal. Die Schlitten, die Proctor versprochen hatte, kamen nicht, wohl aber Miamis und Lenape und Pottawatomis und schlachteten ab, was noch am Leben war. Sie brüllten den elend Verröchelnden die Namen ihrer Dörfer in das Gesicht, die Namen ihrer ermordeten Weiber und Kinder und Greise, die nicht schnell genug hatten fliehen können, als sie mitten im Frieden stiller Herbsttage überfallen worden waren. Und dann verschwanden sie in die nördlichen Wälder, sie hatten ihre Rache gekühlt, mochte Proctor nun sehen, wie er weiterkam.
Ganz Amerika aber schrie auf vor Schmerz, vor Entrüstung, vor Wut. Was keine Kriegserklärung, keine noch so schimpfliche Niederlage bisher erreicht hatte, das erreichte Proctor mit dieser Tat, die man ihm mit Recht zur Last legte. Der Haß gegen England schwelte hoch, noch höher aber der Haß gegen das »viehische rote Gesindel«. Was man diesem »Gesindel« vorher angetan hatte, das verschwieg man wohlweislich, oder man wußte es nicht, weil keine Zeitung die Meldung brachte, keine Botschaft Harrisons davon sprach. Und

doch war er, der »ruhige, edle, vornehm gesinnte General des Westens«, im Grunde der Schuldige.

Das war es, was Tecumseh vor Vincennes erfuhr, das war der Grund, warum die Stadt von Kentuckyern wimmelte, denn kaum war die Kunde von dem Gemetzel am River Raisin in das Land der Indianerkämpfe gedrungen, da erhob sich der weiße Mann in heißer Glut. Graue und weißhaarige Greise erinnerten sich ihrer Jugend und der Zeit ihrer Mannesjahre, als die »roten Teufel« um ihre ersten Blockhäuser geheult, als sie Bruder und Vater und Vettern im Kampfe gegen sie verloren hatten. Fünftausend Mann standen in zwei Wochen bereit zum Abmarsch, das weiße Amerika holte zum Gegenschlag aus. Haß und Gegenhaß wuchsen ins Riesenhafte.

Und diesen Haß erfuhr nun Tecumseh vor Vincennes, die Besatzung machte einen tollwütigen Ausfall, wohl standen die Winnebagos unter Wapa-mangwa und Sana mahonga, wohl hielten auch die Pottawatomis unter Winnemac den Ansturm aus und schmetterten die zu weit Vorgedrungenen mit einem Hagel von Pfeilen furchtbar nieder, aber all die anderen Überreste längst ausgerotteter Stämme, von Alkohol und allen Lastern entnervt, flohen im ersten Augenblick, und der Shawano hatte Mühe, sich und die Seinen einer völligen Niederlage zu entziehen. Wären die Kentuckyer eingeschwenkt, statt die davonstürzenden Feiglinge zu verfolgen, so hätten auch die Abteilungen, die Tecumseh selbst und die drei anderen Häuptlinge führten, nicht mehr standhalten können. Der Shawano war froh, daß er nicht dem Rate Wapa-mangwas gefolgt war, alle Indianer, die um die Forts herumlungerten und von der Gnade der Weißen zu leben gewohnt waren, unter die Winnebagos zu mischen, denn sie hätten auch diese Krieger in die Flucht hineingerissen.

Tecumseh zog ab. Er schickte Wanata Botschaft, Vincennes zu umgehen und ihm an den Maumi zu folgen. Am Morgen des nächsten Tages schon war Stille um die Palisaden der Siedlung. Dort hatte man nicht begriffen, warum an der einen Stelle die Indianer so erbittert standgehalten hatten und

warum sie an der anderen sofort geflohen waren. Die Verluste der Milizkompanien waren schwer gewesen; nun aber schäumte man drinnen über vor Siegesfreude. Ein paar Tage darauf kamen neue Verstärkungen aus dem Innern, und General Clay bereitete den Abmarsch an den Maumi vor, wo ihn Harrison dringend erwartete.
So zogen von allen Seiten die Feinde an diesen einen Punkt heran. Jeder wußte: nun mußte die Entscheidung fallen.
Aber Tecumseh dachte an Brock. Der große General der Inglismon, der kühne Krieger, der entschlossen zupackende Feldherr, der Mann, dem seine Soldaten blind und treu gehorchten, der Freund des Berglöwen war tot. Proctor, zaudernd, hämisch, kleinlich, war sein Nachfolger. Die Sonne Nanabozhos war im Sinken.

Ein schicksalsschwerer Tag

Es war Mai geworden. Seit Tagen rauschte der warme Regen aus den nie sich leerenden Wolken, das Gras stand hoch unter den zartgrün belaubten Kronen der Buchen um Fort Meigs, die Fluten des Maumi rauschten hochgeschwollen dem Erie zu. Es war Mai, und die Mitschi malsa konnten aus dem Wabasch, der seine Wasser nach Süden zum Mississippi sendet, in den nordwärts strömenden Maumi fahren, ohne ihre Boote entladen zu müssen, so stark waren beide Flüsse gestiegen.

In dem großen Fort an den Schnellen herrschte reges Leben. Unermüdlich war Harrison, er stand im Regen wie seine Leute und ließ sie den großen Erdwall aufschütten, der die Zelte vor den Kanonenkugeln der Engländer schützen sollte, er ging die Posten an den Palisaden ab und schaute über die rauchenden Wiesen, über den dampfenden Wassergraben vor dem Palisadenring, horchte nach dem Walde, ob er nicht Geräusche hören könne, ob nicht der Kriegsschrei der Shawanos an sein Ohr schlage. Und wenn für kurze Zeit der Regen die Sicht über den trübe dahinschlammenden Strom freigab, so beobachtete er die Engländer auf der Höhe über dem jenseitigen Ufer. Sie hoben Batteriestellungen aus. Der Platz war gut gewählt, sie konnten von dort das Lager überblicken, sie konnten die Zelte seiner Truppen zählen und daraus auf ihre Zahl schließen, und Harrison lächelte ingrimmig: wie gut, daß er vorsorglich auch schon Zelte für die Verstärkungen mitgebracht hatte, die erst noch eintreffen sollten. Die Zelte konnten sie zählen, obwohl sie dicht an dicht nebeneinanderstanden, aber den Erdwall konnten sie wohl nicht sehen, der dahinter im Entstehen war. Und von der Batterie auf dem diesseitigen Ufer konnte man den Wall schon gar nicht erblicken, den er errichten ließ. Wer würde eher fertig sein – er oder die Kanonen der Engländer? Und wieder trieb der zähe

Mann seine Soldaten an – und da war es denn freilich ein anderes Arbeiten als drüben beim Feind, wo Proctor Beratungen mit seinen Offizieren hielt.
Es kam eine dunkle Nacht, es war regnerisch und lichtlos, die Rufe der Posten schallten hinter den Palisaden des Forts, Harrisons Stimme war zu hören, viel Bewegung war in der Festung, aber die Engländer drüben hörten nichts, und die Indianer Tecumsehs liebten es nicht, mit Leuten zu kämpfen, die gleich Erdhunden sich in Höhlen versteckt hielten.
Es kam der Morgen, spät hellte es auf, und als endlich der Regen nachließ, traten die englischen Kanoniere an ihre Geschütze, die Offiziere kamen aus ihren Zelten heraus, die Melder liefen ihnen voraus mit den Befehlen: »Alles fertigmachen zur Beschießung.« Proctor wollte dem Beginn der Kanonade beiwohnen – und er rieb sich die Augen, Offiziere und Mannschaften rieben sich die Augen: Wo waren die Zelte der Amerikaner im Fort? Waren sie denn über Nacht abgezogen? Waren sie geflohen? Hatten sie Fort Meigs aufgegeben? Da war ein großer freier Platz hinter den Palisaden, aber kein Zelt, kein Soldat, kein Pferd war zu sehen, wo bisher stets reges Leben und Treiben geherrscht hatte. Dafür war aber ein Wall auf dem flachen Höhenrücken, der sich mitten durch das Lager zog, ein Erdwall, vier Meter hoch und sechs Meter breit, ein gewaltiges Erdwerk, an die zweihundertfünfzig bis dreihundert Meter lang, und dahinter mußten wohl die Amerikaner stecken. Nun lagen die Yankees geschützt in ihren Zelten, und General Harrison hatte gut lächeln: Er war also doch eher fertig geworden!
Proctor befahl die Beschießung. Und dann krachte und donnerte es den ganzen Tag und den nächsten, und die Engländer spickten den Erdwall mit eisernen Kanonenkugeln. Viel erreichten sie dadurch freilich nicht. Ein paar Blockhäuser gerieten in Brand, als die Engländer glühende Kugeln verschossen, doch der Regen löschte auch diese Brände bald. Ein paar Amerikaner mußten ihr Leben lassen, eine größere Anzahl verlor ihre Gesundheit.

Wieder kam eine regnerische Nacht. Die Rufe der Wachen hallten dumpf. Keiner schlief, denn jedermann wußte, daß draußen Tecumseh mit seinen Kriegern war. An die zweitausend Indianer sollten es sein, vielleicht sogar noch mehr.
Da hörte Tom Floyd, der auf Posten stand, ein Klopfen an der Palisadenwand. Er rief David King an, der keine zehn Schritte weiter rechts harrte. Doch der vernahm nichts. Beide machten ihre Gewehre schußbereit. »Warte, ich steige auf die Brüstung«, flüsterte Floyd.
»Still!« gab King zurück. »Was war das?«
»Hallo, Boys! Hier Hauptmann Hamilton und Hauptmann Oliver. Wir bringen Botschaft von General Clay.«
Wieder war das Klopfen zu hören. Leise Stimmen tuschelten. »Schießt nicht«, fuhr die Stimme fort. »Clay kommt mit zwölfhundert Mann.«
»Das kann jeder sagen«, rief Tom Floyd, aber er war nun doch nachdenklich geworden. Vielleicht stimmte es. Die Engländer drüben sprachen aber auch amerikanisch. Oder sprachen die Amerikaner englisch? Komisch, wer sollte das so genau beurteilen? Tom Floyd vermochte dies nicht so recht zu unterscheiden. Immerhin hatte Harrison sie bei jeder Gelegenheit zur Vorsicht gemahnt.
Die Wache kam, und mit ihr auch Harrison. Es gab eine geflüsterte Unterredung durch einen Spalt zwischen den Balken, der Regen rauschte, kein Mond schien, es war stockdüster, aber Harrison kannte Hauptmann Oliver persönlich. »Wir sind zu dritt, General«, hauchte Oliver, »ich und Hauptmann Hamilton und Logan, der Shawano. Beeilt euch, könnt uns ja drinnen auch noch totschlagen, wenn wir euch anlügen. Beeilt euch, denn sie sind wahrscheinlich schon hinter uns her.«
»Es ist gut, laßt sie ein!« befahl der General.
Es wurde ihnen ein starkes Tau hinübergeworfen, auf der Brüstung stand geduckt die Wache mit ihren Gewehren schußbereit, aber Harrison verhinderte, daß einer Dummheiten machte. Erst kam Hamilton über die Palisadenwand,

dann tauchte ein Indianerschopf über den Balkenspitzen auf, und fast hätte einer geschossen, aber der General herrschte ihn an: »Ruhig, Mann, das ist Spemika Lawba, unser Freund, der beste Späher im Heer.« Und als letzter kam Hauptmann Oliver.
»Das ist geglückt, General. Fast hätten sie uns erwischt, aber Logan ist ein Teufelskerl, er hat im Finstern zwei von den Roten kaltgemacht, sie haben keinen Laut von sich gegeben. Ohne Logan würden wir jetzt den Maumi hinuntertreiben und nicht sie.«
Im Haus des Kommandanten erklärte Harrison den drei Kundschaftern die Lage im Fort, die Stellung der Engländer und gab ihnen dann Befehle für General Clay mit auf den Weg.
»Proctor hat seine Hauptmacht auf der anderen Seite des Flusses, zwei Meilen unterhalb des Forts. Hier auf dem Südufer steht nur eine Batterie, gedeckt durch zweihundert Mann vom Einundvierzigsten Regiment. Die drei Batterien drüben sind uns am gefährlichsten. Die muß Clay gleich im ersten Ansturm nehmen. Und dann soll er sofort zurück über den Fluß zu uns.«
Harrison gab dem Posten vor seinem Haus den Befehl, ihn um fünf in der Frühe zu wecken, denn er wußte, daß die Indianer am liebsten in der ersten Morgendämmerung angriffen. Clay konnte frühestens am nächsten Morgen da sein. Der General ermahnte die Wache, über das in der Nacht Vorgefallene zu schweigen, doch King und Floyd konnten den Mund nicht halten: Bald wußte das ganze Lager, daß Verstärkung im Anmarsch sei. Alle hatten frohe Mienen, alle zwinkerten sich zu, jede englische Kanonenkugel wurde mit Gebrüll begrüßt. Kein Wunder schließlich, denn sie waren nur achthundert Mann; draußen aber lag Proctor, den sie von Frenchtown her fürchteten, mit tausend Engländern, und obendrein war dort noch dieser fürchterliche Tecumseh mit seinen Tausenden von Rothäuten!
Und dann passierte alles blitzschnell. Während sie noch bei

ihrem Mittagessen saßen, sprang plötzlich einer hoch und brüllte: »Still! Hört ihr denn nichts? Das sind doch, bei Gott, diese roten Schufte!«

Ja, das waren die Indianer. Aber sie mußten noch weit weg sein. Wie die Teufel schrien sie, der Wind trug das Geheul herüber, und nun krachte auch schon Musketenfeuer auf. Wen mochten sie da draußen angreifen? Der Lärm kam aus dem Südwesten. Dort war ein Kampf im Gange. Und wieder krachte eine Salve. Dann folgte ein deutliches »Hurra!« Kein Zweifel: Das mußte Clay sein, der auf die Indianer gestoßen war. Sogleich wurden Rufe laut: »Wir müssen Clay entgegenziehen! Wir müssen den Roten in den Rücken fallen!«

Harrison stand mit seinen Offizieren auf einem der Ecktürme am Maumifluß. Von neuem schwoll das Kampfgetümmel an. Die Posten auf den Palisaden berichteten jedoch, nicht eine einzige Rothaut sei zu sehen; offenbar seien sie im Wald, aus dem nun auch Schüsse fielen. Vermutlich hatte General Clay ihren ersten Angriff abgeschlagen. Kurz darauf heulte allerdings wiederum der indianische Kriegsschrei auf.

»Dort drüben!« rief einer gellend. »Bei den Kanonen laufen sie!«

Alle wandten sich den Batterien jenseits des Flusses zu. Die Besatzung des Forts beobachtete, daß dort zwei- bis dreihundert indianische Krieger mit geschwungenem Tomahawk über die Lichtung der Anhöhe eilten, in den Wald untertauchten; gleich danach aber teilten die Posten erregt mit, daß diese Indianer in Kanus den Fluß überquerten und offenbar ebenfalls dem Kampfplatz entgegenhasteten.

Oberst Cass kam bleich vor Wut vom Turm herabgelaufen, auf dem immer noch General Harrison stand, ohne sich zu rühren. Er trat unter die Soldaten:

»Männer, ihr hört, was los ist. Drüben kommt General Clay mit Verstärkungen. Die Indianer wollen sie nicht durchlassen. Wir müssen ihnen entgegenziehen. Wer kommt mit? Wer meldet sich freiwillig? Der General meint, es handle sich um eine List der Rothäute. Er sagt, das könne General Clay

noch gar nicht sein. Aber wer denn sonst! Wir hören doch die Salven. Das sind gut tausend Mann. Also auf!«
Die Besatzung befand sich in fiebriger Erregung. Alle stürzten zu ihren Gewehren. Die Offiziere hingegen traten auf Cass zu und baten ihn, doch erst die ausdrückliche Genehmigung von Harrison einzuholen.
»Natürlich!« schrie Cass. »Denkt ihr denn, ich tue etwas gegen seinen Willen? Aber ich will ihm sagen, daß wir alle einer Meinung sind. Er irrt sich. Er muß sich einfach irren.«
In diesem Augenblick wurde Harrison von seinem Adjutanten auf das hektische Treiben seiner Truppen hingewiesen. Gelassen kam er herunter.
»Was geht hier vor, Oberst Cass?« fragte er laut in eine jähe Stille hinein. Gleich danach fielen wiederum Schüsse, und alle vernahmen das Hurrageschrei, das amerikanische Soldaten beim Bajonettenangriff auszustoßen pflegten.
»General, Ihre Soldaten bitten Sie, ihren bedrängten Kameraden draußen helfen zu dürfen.«
»Und wenn ich befehle, daß jeder sofort an seinen Platz zu gehen hat? Und wenn ich verbiete, daß auch nur ein Mann das Fort verläßt, Oberst Cass?«
Atemlos warteten die Soldaten auf die Antwort. Doch sie kam ohne Zögern.
»Dann werden wir diesen Befehl sofort ausführen, General.«
Harrison schaute dem Offizier ins Gesicht. Er merkte, daß Cass es aufrichtig meinte. Er erkannte, daß Cass wirklich nicht hatte meutern wollen, und er beschloß, die ganze Sache auf sich beruhen zu lassen.
»Soldaten!« rief er. »Was ihr hört, ist nicht General Clay. Heute nacht erhielt ich eine Meldung von ihm. Er kann nicht in der Nähe sein, es sei denn, er und seine Leute hätten Flügel. Was ihr hört, ist eine verdammte List dieses Shawano, der die Roten anführt. Unser Hurra klingt ganz anders. Wir bleiben hier. Oberst Cass, Sie bürgen mir für die Ausführung dieses Befehls.«
Tecumseh hatte in der Tat ein Scheingefecht inszeniert. Eng-

lische Soldaten hatten Salvenfeuer abgegeben und durch Hurrarufe Gegenangriffe vorgetäuscht – und zwar so geschickt, daß selbst ein erfahrener Offizier wie Cass darauf hereingefallen war. Aber das Ganze hätte einen Tag früher geschehen müssen, als Harrison noch keine Nachricht von Clay besaß. Dann wäre auch er getäuscht worden, was er später selbst eingeräumt hat ...

Als der Lärm jedoch nach und nach abebbte, ohne daß auch nur ein paar Flüchtende auftauchten, begannen die Amerikaner zu glauben, daß ihr General sie vor einem schweren Fehler bewahrt habe. Ein paar Hundert Mann hätten sich immerhin bis zum Fort durchschlagen müssen, ein paar Dutzend wenigstens. Aber kein Mensch tauchte am Rand der Lichtung auf. Und als die Indianer unter den Baumkronen erschienen und enttäuscht zum Fort blickten, stieg auch Cass erleichtert vom Turm herab. Die amerikanischen Soldaten allerdings fingen nun an zu lärmen und zu höhnen. Harrison fiel eine Last von den Schultern.

Der Gute Geist hatte sein Auge von den roten Kindern abgewandt. Tecumseh hatte einen Tag ungenutzt verstreichen lassen – und dieser Tag sollte nie wieder gutgemacht werden können.

»Die Mitschi malsa greifen an«

Der Shawano Logan hatte die beiden weißen Kundschafter indessen sicher durch die Nacht geführt. Clay solle achthundert Mann oberhalb der englischen Batteriestellungen auf dem Nordufer des Maumi landen lassen, die Geschütze stürmen, vernageln, dann sofort zu den Booten zurückkehren, ohne sich auf irgendein Gefecht einzulassen, und zum Fort übersetzen. Der Rest seiner Truppen solle oberhalb der Wälle anlegen und sich zum Fort durchschlagen. Harrison werde diese Bewegungen beobachten und ihnen eine Abteilung entgegensenden. Dann würden die Engländer aus dem Hauptlager nicht mehr rechtzeitig eingreifen können. Harrison selbst werde einen Scheinangriff gegen die Batterie auf dem Südufer führen lassen, um Proctor irrezuführen.
Clay beorderte Oberst Dudley zu dem Angriff auf das Nordufer und unterstellte ihm die ersten zwölf Boote, so daß er fast neunhundert Mann bei sich hatte. Clay selbst wollte die restlichen etwa vierhundert Mann in das Fort führen.
Bei Dudley war ein alter Bekannter von uns: Simon Kenton, der den Schwur nicht vergessen konnte, den er nach dem Scheitern des Überfalls auf das Lagerfeuer Tecumsehs und der Seinen abgelegt hatte. »Er oder ich!« Wieder aber sollte es ganz anders kommen. Und gerade sein Haß gegen die Roten sollte die Kentuckyer noch einmal schwerste Opfer kosten und dem Shawano noch eine letzte blutige Genugtuung für alles das bringen, was diese Indianerjäger gerade seinem Stamm zugefügt hatten – denn Kentucky, das Land des grünen Rohrs, der unendlichen Büffelherden, der wandernden Scharen von Elchen und Hirschen, der Vogelschwärme, das Land des reifenden Maises, der Blaugrasebenen, der lieblichen Weißkleeauen, das Land der Buchen und Ahornhaine, das wasserreiche, fruchtschwellende, milde Kentucky war die Heimat seines Stammes gewesen, war durch diese Wildtöter

und Indianerschlächter aus einem Paradies des Friedens zunächst zu einer Einöde und danach zu einem von Langmessern wimmelnden, den Indianern längst nicht mehr zugänglichen Bereich geworden.

Tecumseh aber wartete nun bei Fort Meigs auf eine Gelegenheit, diesen Krieg im Westen doch noch siegreich zu beenden.

Wanata war mit fast zweitausend Dakota eingetroffen, die Pferde der Sioux weideten auf den Lichtungen um das Fort, ihre Zelte standen unter riesigen Urwaldbäumen. Mit Staunen betrachteten die Krieger aus den Prärien des Westens dieses Land, in dem man nicht weiter, als zwei gute Bogenschüsse reichten, schauen konnte. Sie, die gewohnt waren, über die schier endlosen Hügelwellen der Ebenen zu reiten, während das Gras der Prärie ihren Pferden bis zum Leib reichte, fühlten sich von den vielen Bäumen beengt, unter denen es niemals ganz hell wurde, unter denen die Nacht herrschte, sobald sich der Himmel bedeckte. Sie ließen sich dieses Unbehagen nicht anmerken, sondern warteten voller Ungeduld auf den Kampf mit den Langen Messern. Aber es hatte wochenlang geregnet, das Holz war so feucht, daß es nicht einmal ihnen gelang, Rauchsignale zu entzünden.

Clay wußte, daß alles darauf ankam, überraschend vorzustoßen. Auch hatte er leichtes Spiel mit seinen Leuten. Die Kentuckyer waren härter als die Milizsoldaten aus den Oststaaten, die van Rensselaer am Niagara zu führen hatte. Dazu kam der Drang, das Gemetzel am River Raisin zu rächen. So brauchte General Clay seine Männer gar nicht anzutreiben, sie legten sich in die Riemen und fuhren mit einer Eile den Wabasch hinauf, daß die indianischen Späher am Ufer nicht Schritt halten konnten. Kenton hatte auch einige leichte Rindenkanus erbeutet und sie mit ein paar bärenstarken Kerlen bemannt, die jedesmal eine wilde Jagd veranstalteten, sobald sie ein indianisches Späherboot erblickten. Wenn die Roten sich nicht sofort an Land retteten, waren sie meistens verloren.

Aber auch die schweren Mannschaftsboote der Miliz kamen schnell vorwärts. Sie erreichten den Trageplatz zwischen Wabasch und Maumi, als infolge der Regengüsse eine direkte Fahrt aus dem einen Fluß in den anderen möglich war, ohne daß sie auszusteigen oder auch nur die Boote zu entlasten brauchten.

So geschah es, daß die Kentuckyer früher als die Späher Tecumsehs, die sie hätten anmelden sollen, bei Fort Meigs eintrafen. Der Shawano begriff nicht, warum Proctor sein Lager auf dem anderen Ufer und dazu noch so weit entfernt vom Feind aufgeschlagen hatte. Tecumseh jedenfalls lag unmittelbar an der Festung, wie es seinem ungestümen Angriffsgeist entsprach, als ihm am frühen Morgen des Tages nach dem Scheinangriff plötzlich von Läufern gemeldet wurde, die Mitschi malsa seien da! Sie kämen in Booten den Maumi herab, schrie der nächste, sie legten drüben auf der anderen Seite des Flusses an, rief ihm der dritte zu. Der Shawano saß schon zu Pferd und jagte zum Fluß. Er sah, daß es drüben von Kentuckyern wimmelte, daß die ersten durch den Wald die Höhe erstiegen, daß fast alle aus den Booten gestiegen waren, er sandte Rabenkopf mit zwei Begleitern zu Proctor hinunter: Man solle das Fort umreiten, die Batterie im Südosten benachrichtigen und dann so schnell wie möglich Proctor Botschaft bringen, daß achthundert Mitschi malsa zum Angriff auf die Kanonen ansetzten.

Tecumseh selbst blieb weiter in seinem Versteck, zunächst galt es, einen Überblick zu gewinnen. Gleichzeitig aber sandte er zu Wanata, zu Pesch-hi, zu Stiatha und Sana mahonga, ließ die Häuptlinge zu sich kommen, ließ sie die Krieger sammeln und sich still verhalten. Er hatte dafür gesorgt, daß jedem Unterhäuptling eine Anzahl von Männern zugeteilt worden war. Das verständige Verhalten Wanatas, der als Oberhäuptling der Dakota ein ungeheures Ansehen bei den kleinen Stämmen genoß und der sich doch den Wünschen Tecumsehs beugte, hatte ihm dies alles sehr erleichtert.

Der Shawano sah sehr bald, daß nur ein Teil der soeben eingetroffenen Mitschi malsa auf dem anderen Ufer landete, denn nun kamen sechs weitere Boote den Fluß herab und legten nach einigem Zögern an der Seite des Forts an. Er begriff sofort, daß diese Abteilung sich den Weg in das Lager erkämpfen wollte.

Nun übertrug er Wanata den Oberbefehl auf diesem Ufer und ließ ihm die Hälfte seiner Dakota, damit er Clay den Weg verlege.

Tecumseh aber brach mit den Wendat, Winnebagos und Pottawatomis und fünfhundert Dakotas unter Pesch-hi und Tinton-ha gegen Oberst Dudley auf. Sie umgingen den anmarschierenden Clay, überschütteten ihn plötzlich von hinten mit einem Pfeilregen und zogen sich dann sofort zurück. In diesem Augenblick hörte Tecumseh, wie Wanata die Amerikaner im Rücken angriff, Clay mußte sich gegen den neuen Feind wenden, er fühlte sich von allen Seiten bedrängt, die Langen Messer begannen schon unruhig zu werden, und es kostete Tecumseh Mühe, seine Leute aus dem Kampf zu ziehen, denn als sie jetzt den Feind kehrtmachen sahen, wären sie ihm am liebsten nachgestürzt.

Aber die Mitschi malsa bei den Batterien waren wichtiger. Er erhob seine mächtige Stimme, die Dakota hörten zum erstenmal den Baß Tecumsehs im Kampfgetümmel, sie hielten inne, sie sahen, wie Stiatha seine Wendat zum Fluß hinunterführte, wie die Winnebagos folgten, wie der Bund der »Hunde« sich schweigend in Bewegung setzte –, da riefen auch Pesch-hi und Tinton-ha, tausend Rote huschten wie eine strömende Flut durch das Unterholz dem Ufer zu, setzten schwimmend und in Booten über den angeschwollenen Fluß, ordneten sich drüben unter den hallenden Befehlen des Shawanos, der die Dakota in die Mitte nahm, rechts – gegen den Fluß zu – die Winnebagos ansetzte und links die Wendat mit einer Anzahl Pottawatomis. Er selbst mit seinen »Hunden«, die nun schon fast zweihundert Mann stark waren, gesellte sich zu den Dakotas. Dann begannen sie den Vormarsch auf den Spuren, die Dudleys Truppen hinterlassen hatten.

Der Oberst hatte im ersten Ansturm die viel zu schwache Bedeckung der Geschütze über den Haufen geworfen. Einige Engländer ergaben sich, die meisten aber flohen, die Amerikaner verloren nicht einen einzigen Mann. Dudley aber, im stolzen Gefühl des Sieges, vergaß alle Befehle. Statt die Geschütze sofort zu vernageln, statt die Pulvervorräte in Brand zu stecken, die Bettungen der Kanonen auseinanderzureißen, die Zelte und Unterstände zu zerstören, ließ er seine Leute sich der Freude über den Erfolg hingeben. Sie waren von dem stundenlangen anstrengenden Rudern in den Booten ermüdet, von dem Marsch durch das Dickicht erhitzt, sie lagerten sich also im Grase, begannen zu essen oder stöberten neugierig in den englischen Stellungen herum. Andere schrien übermütig zum Fort hinüber, von wo aus ihre Rufe mit donnerndem Hurra erwidert wurden.
Harrison sah das alles von einer erhöhten Batteriestellung aus. Er sandte sofort einen Offizier zu Dudley, um ihn zur Eile zu mahnen. Der tollkühne Mensch wurde von ein paar Dakotas abgefangen, die ihm das Leben schenkten und ihn in das Fort zurücksandten. »Sage deinem Häuptling, daß der Dakota tapfere Männer achtet!« rief ihm der Sioux nach, als er den Weißen – Campbell war sein Name – auf die Palisaden laufen ließ. Aber Campbell verstand die Sprache der Dakota nicht, er fürchtete wohl eine Hinterlist und rief Kameraden zu, sie sollten feuern. Sie schossen, und der Dakota torkelte tot in den Sand.
Inzwischen aber war Tecumseh mit seinen Kriegern in der Nähe Dudleys angelangt. Er sah die Kentuckyer bei den Geschützen herumlungern. Der Shawano lief die Reihen entlang, sprach überall ein paar Worte, und dann ließ er Stiatha mit den Wendat vorgehen. Stiatha war der kaltblütigste aller seiner Häuptlinge, er würde sich nicht zu Tollheiten hinreißen lassen.
»Führe sie heran, Stiatha, und wir wollen uns rächen für alles, was sie uns angetan haben«, sagte Tecumseh. Und als die Wendat dann vorschlichen, rief der Shawano ihnen nach:

»Seid klug wie die Biber, meine Brüder, schreckt die Feinde auf, zieht sie in unsere Arme, wir wollen unsere Herzen stillen am Anblick ihrer Angst. Zeigt, daß ihr Meister der List seid, ihr Wendat, gehorcht eurem Häuptling.«
Er sah den geschmeidig vorhuschenden Kriegern nach, dann führte er eilig noch ein paar Dakota in bessere Deckung und rief über die atemlos Lauernden hin:
»Schüttet eure Pfeile vor euch auf den Boden, denn diesen Platz werden wir nicht verlassen. Prüft die Sehne eures Bogens, macht das Messer im Gürtel locker, haltet den Tomahawk bereit und macht euer Herz stark, denn nun werden wir siegen, und der Gute Geist wird eure Feinde euch in die Hand geben!« Seht, da fällt Stiatha schon über die ahnungslosen Büffel her, seht, wie sie fallen, hört sie schreien! Nun wenden sie sich zur Flucht, und die Wendat folgen ihnen, sie sitzen ihnen im Nacken, gleich werden sie Hilfe erhalten. Achtet genau auf das, was der alte Häuptling der Wendat tut, und ihr werdet viel lernen . . .!«
Überall kauerten sie hinter den Büschen, hinter gestürzten Baumriesen, in den vermorschenden Kronen der gefällten Stämme, hinter Hecken, lauschten den Worten des Shawano und keuchten vor Aufregung.
Stiatha war in einer flachen, mit dichtem Gestrüpp bestandenen Bodenmulde vorgeschlichen, außer Sicht der Kentuckyer, hatte seine Krieger gesammelt, ihnen Schweigen befohlen, tiefes Schweigen auch im Angriff – und die Wendat, rauh, kampfgeübt, voll einer gelassenen, noblen Tapferkeit, die angesichts des fast völligen Niederbruchs ihres einst so stolzen und mächtigen Volkes Todesangst kaum noch kannten, die Wendat brachen auf ein Zeichen Stiathas ohne jeden Laut aus ihrem Versteck hervor, fielen über etwa dreißig Kentukkyer her und hatten die völlig Überraschten niedergemacht, ohne ein Wort auszustoßen. Aber das Entsetzen aus den Kehlen der Sterbenden schrillte über das Feld, die Indianer wandten sich schon dem nächsten Trupp zu, der aufgeschreckt in atemloser Hetze davonjagte, die Roten wollten

hinterher, aber Stiatha hemmte sie in ihrem Siegesrausch, seine dünne Krähenstimme hielt sie an. »Hebt den Bogen, steht, steht, meine Krieger, hebt den Bogen und zielt genau!« rief er, schon zischte sein Pfeil, und ein Kentuckyer stürzte, schon standen sie alle, ließen die Sehnen schwirren, und ihre Pfeile waren schneller als die Beine der aufgeschreckten Feinde. Fast fünfzig Tote kostete die Kentuckyer dieser eine geführte Schlag.

»Nieder, meine Kinder, nieder in Deckung!« quarrte Stiatha, und kein Wendat war mehr zu sehen, das Feld war leer, drüben sammelten sich die Feinde, wutschnaubend kam Simon Kenton herangestürzt, schickte Boten um Verstärkung an Oberst Dudley, sammelte seine eigenen Leute um sich, schickte eine Abteilung aus, die Wendat im Bogen zu umgehen, indessen er selbst ein Feuergefecht begann; noch war er besonnen.

Weit im Hintergrund warteten die Indianer unter Tecumseh. Der Shawano hatte einen dichtbelaubten Baum bestiegen.

»Hört ihr die Mitschi malsa schießen, meine Brüder? Sie schießen alle in die falsche Richtung, denn kein Wendat ist dort, wohin sie ihre Kugeln senden. Jetzt schon sind die Langen Messer blind und toll, wie aber werden sie erst den Verstand verlieren, wenn sie in unsere Waffen stürzen! Haltet eure Herzen stark, macht euer Auge klar, meine Brüder, achtet, daß eure Arme nicht zittern, zielt ruhig, wenn sie kommen, denn bald werden sie anstürmen wie eine Herde Bisons, die den Abgrund nicht sehen, weil der Dakota ihnen im Nakken sitzt. Und so wie die Bisons alle über die Felsen hinabstürzen und an den Steinen zerschmettern, so werden die Mitschi malsa in den Abgrund stürzen, den wir ihnen bereiten.«

Begeistert hörten die Roten zu; die Sicherheit, das stolze Siegesgefühl, das aus jedem Wort Tecumsehs sprach, riß sie alle mit; alle warteten, bebend vor Kampflust, auf den Angriff.

Halblinks vor ihnen erlitt die Umgehungsabteilung, die Kenton ausgesandt hatte, nun auch ihre Niederlage. Kenton hatte

ausgesucht erfahrene Leute geschickt, ihr Führer war Barnley Combs, einer der erprobtesten Späher Kentuckys, aber ihm weit überlegen war Stiatha.
Während diese Weißen sich noch mühten, die Roten zu entdecken, waren sie selbst schon längst von Stiatha umgangen. Combs hörte plötzlich eine durchdringende, plärrende Stimme hinter sich, hörte es in den Büschen rauschen, hörte Stöhnen, Angstgeschrei, Flüche, sah überall Rote durch das Weidengestrüpp huschen, sah erhobene Messer, sah einen Tomahawk durch die Luft wirbeln und plötzlich dicht vor sich ein bemaltes Gesicht, schwarze, funkelnde Augen, er sank zu Boden und hörte den markerschütternden Irokesenschrei nicht mehr, den Stiatha ausstieß, als er den Feind, den sein Pfeil niedergestreckt hatte, in das Gras rollen sah. Seine Wendat nahmen den Ruf sofort auf, urplötzlich schrie und gellte und heulte der wilde, rasende Kriegsruf über die Höhe hin, Simon Kenton und seine Kentuckyer ahnten, was da vorging, nun sahen sie fliehende Indianer schräg an ihrer Front vorbei zwischen Büschen davonjagen, immer mehr Schützen waren in Kentons Frontlinie eingeschwärmt.
»Auf, Burschen, folgt mir!« brüllte der riesige Kerl, »dort fliehen sie, kommt mit!« Die ganze Linie erhob sich, stürmte ihm nach.
Gerade in diesem Augenblick trafen Oberst Dudley und Major Shelby, die inzwischen ihre Leute gesammelt hatten, auf dem Kampfplatz ein; sie ließen sich mitreißen, sie hatten von dem Überfall gehört, von dem Tod der Kameraden. »Denkt an das Gemetzel am Raisin!« brüllte es aus den Reihen der Kentuckyer, sie stürmten über das offene Feld, vorn sahen sie Indianer laufen. »Es sind höchstens achtzig oder hundert, lauft, Kerls, lauft!« brüllte Kenton.
Und vor ihnen glitt Stiatha mit seinen Wendat. Immer näher kamen die furchtbaren Langen Messer, aber viel schneller näherten sie sich dem Walde, in dem Tecumseh mit den Dakota, Winnebagos, hundert Pottawatomis und zweihundert seiner »Hunde« wartete. Dem grauhaarigen Häuptling lief

der Schweiß aus allen Poren, so war er schon seit Jahren nicht gelaufen, hinter ihm brüllte es, wie der Mitschi-game brüllte, wenn der Sturm seine Fluten gegen das Land warf – aber da waren die Bäume, da war das Gebüsch, mit einem Satz sprang er über einen liegenden Stamm, einem der Dakota Tinton-has fast in das Gesicht, in das wildglänzende, verzerrte, wutbebende Gesicht eines roten Kriegers, der diesen Anblick der heranstürzenden Flut bisher ertragen hatte und nun darauf lauerte, seinen ersten Pfeil gegen die Langen Messer zu senden. Einen, einen, einen dieser verhaßten Mörder wollte er erschießen, erschlagen, erwürgen.
Stiatha drehte sich um. Seine Krieger hatten also standgehalten. Er holte tief Atem nach der langen Hatz, und dann schrillte er noch einmal den Irokesenschrei hinaus, seine Wendat hatten alle wie er einen Pfeil aus dem Köcher gezogen, nun legten sie ihn wie er auf die Sehne.
Eine mächtige Stimme donnerte:
»Jetzt erhebt euch, sie sind da, zielt gut und genau, schießt ihnen in das gefräßige Herz!«
Es war Tecumseh. Er hatte die Wendat laut gelobt, als sie nach der Vernichtung der Abteilung schräg vor der feuernden Front der Weißen zum Walde zurückliefen, er hatte beobachtet, wie die Kentuckyer ihnen sofort nachstießen, er war aus der Baumkrone herabgesprungen, und seine Stimme war voll Jubels:
»Seht, da kommen sie, sie haben es eilig, euch ihre Skalpe zu bringen, Stiatha bringt sie uns her. Aber länger noch als ihre Messer wird unsere Rache sein, schneller werden unsere Augen sein beim Zielen über den Pfeil hinweg in ihr Herz. Sie brüllen und schreien, hört ihr es, meine Brüder, denn sie denken, das Herz der Kinder Manitus wird schwach, wenn wir ihre Stimme hören. Wartet, wartet, schießt nicht zu früh, haltet euch versteckt, bis sie dicht vor euch sind, dann aber springt auf. Da kommen sie, die Mörder, die Kindertöter, die Maisverbrenner, die Pelzdiebe, die Landräuber, da sind sie heran – auf, auf, springt und schießt, denn es ist Zeit!«

So hatte Tecumseh das wilde Schauspiel begleitet, so hatte er seinen unerschütterlichen Mut, seinen ingrimmigen Haß der herandonnernden Woge entgegengeschleudert. Er allein hatte sie an ihrem Platz gehalten, denn ohne ihn wären sie geflohen, da der Anblick der tobenden kentuckyschen Flut geeignet war, das festeste Herz zum Wanken zu bringen. Jetzt stand er als erster aufrecht am Waldrand und schoß. Er war auf einen Baumstamm gesprungen, er spannte den Bogen und schickte seinen Pfeil dem ersten mitten in die Brust, er legte den zweiten Pfeil auf und traf, er schoß den dritten und den vierten und den fünften –

Und die brüllende Welle brach sich an der lauernden Reihe der Indianer.

Mit entsetzten, hervorquellenden Augen sahen die Kentuckyer, daß dies nicht mehr das halbe oder ganze Hundert Indianer war, das sie soeben noch verfolgt hatten, sondern daß sie hier erwartet worden, daß sie in eine Falle hineingelaufen waren. Sie hielten an, sie waren bis auf zehn, fünfzehn und zwanzig Schritte an den Wandrand gestürzt und sanken nun zu Boden, viele mit vier, fünf, sechs Pfeilen in der Brust. Schon zischte ihnen die zweite Woge der gefiederten Geschosse entgegen, da und dort hob wohl einer das Gewehr, da und dort schoß wohl auch einer, aber die Büchsen waren ja meistens nicht geladen, oder es waren im Laufen die Zündhütchen von der Pfanne gefallen. Da und dort warf auch einer ein Messer, aber die meisten behielten es doch in der Hand, als sie schreiend davonrannten, gegen die von hinten noch Anrasenden prallten, und die Indianer sandten wie Tecumseh den vierten, den fünften Pfeil, seine Stimme grollte, Stiatha schrillte und quäkte, Pesch-hi und Tinton-ha mahnten zu ruhigem Zielen, zu kühlem Auge.

Und da brach der ganze Angriff zusammen. Vier-, fünfhundert Amerikaner rannten davon. Hinter ihnen aber hetzten die Roten her, und es wäre wohl keiner entkommen, wenn sich nun die siegreichen Krieger nicht zuerst auf die getöteten Feinde gestürzt hätten, um sich den Skalp dessen zu sichern, den sie erschossen hatten. Nur die »Hunde« Tecumsehs verfolgten geschlossen die Flüchtenden, nur sie hörten alle auf seinen donnernden Ruf, sofort schlossen sich ihm auch Stiatha und die Wendat an, ebenso ein paar Dakota, einige Winnebagos, unter ihnen der grimmige Sana mahonga, einige Pottawatomis, aber diese Zahl, diese drei- oder vierhundert Mann genügten, um die Kentuckyer im Laufen zu halten. Entsetzt und machtlos sah Harrison vom Fort aus dem Unheil zu, ohne eingreifen zu können. Denn er sah nun das bittere Ende voraus. Wenn es nur die Indianer gewesen wären, so hätten sich vielleicht die Fliehenden noch retten können. Aber oben rückten von der anderen Seite die Engländer heran. Die Linieninfanterie war in wenigen Minuten gefechtsbereit. Und da kamen auch schon die ersten Flüchtlinge von den Batterien. Die Geschütze mußte Proctor wieder haben, das war die Hauptsache. Sofort ließ er seine ganze Streitmacht den Fluß aufwärts marschieren.

In das Feuer dieser Engländer stürzten die fliehenden Kentuckyer hinein, sie sahen sich umstellt, ein Teil schwenkte zum Fluß ab, erreichte die Boote, der Rest ergab sich. Fast alle waren verwundet. Auch die Roten machten Gefangene, Tecumseh war nicht auf Morden aus, wieder zeigte er sich weit menschlicher als seine weißen Gegner, die Winnebagos und Dakota machten im Kampfgetümmel noch einige nieder, aber dann trat Stille ein. Peta-Kuta und Stiatha warfen sich zwischen die Kämpfenden; und die Indianer, froh über den Sieg, waren großmütig. Zweihundert Gefangene fielen allein den Roten in die Hand, ebensoviel oder mehr den Engländern. Die Geschütze aber waren gerettet, die Feinde hatten sie nicht einmal vernagelt. Oberst Dudley war gefallen.

Wo aber war Tecumseh?

»Wo ist Tecumseh?« schrie Peta-Kuta. Baumspäher hörte den Ruf, er verstummte in eisigem Entsetzen, aber andere gaben ihn weiter, er lief mit Sturmeseile über das Feld. Tecumseh! Tecumseh! rief es überall.

Aber keine Antwort kam –

Ein Todfeind Tecumsehs

Der Shawano hatte sich, als die Verfolgung begann, kurz umgesehen. Selbst in diesem Augenblick, in dem auf beiden Seiten die Herzen und Sinne der Kämpfer zu zerspringen drohten, bei den Kentuckyern vor Grauen angesichts dessen, was jetzt kommen mußte, und bei den Indianern im bebenden Rausch des Sieges nach dem furchtbaren Anblick, den die rasenden Mitschi malsa soeben noch geboten hatten, selbst in diesen Sekunden verlor Tecumseh nicht die Klarheit des Denkens. Er stürzte sich nicht blind in das Getümmel, er winkte ein Dutzend seiner »Hunde« zu sich heran, und dann schrie er:

»Bleibt beieinander, folgt dem Berglöwen!« Damit sprang er in das Gewoge hinein, hielt sich nicht mit Zusammenbrechenden auf, setzte den noch Kampffähigen nach, und hinter ihm folgte die Meute seiner Treuesten. Er hatte seinen Köcher an das linke Handgelenk gehängt, nun plötzlich aber ließ er ihn fallen, riß ein Bündel Pfeile heraus, ließ den Köcher liegen, packte das Bündel mit der linken Hand und lief weiter. Wenn er schießen wollte, hielt er an, hob den Bogen, zielte, schoß. Mit dem Blick des in hundert Gefechten geübten Kriegers, mit dem Instinkt des indianischen Blutes spürte er in dem Gewirr Widerstand, dort blieb dann und wann ein Mann stehen, drehte sich um, schoß oder warf ein Messer, auch wohl einen Tomahawk, denn viele Kentuckyer hatten diese Waffe von den Indianern übernommen. Zu diesen Männern drängte er sich durch, von ihnen allein drohte Gefahr. Eine Schar von dreißig, vierzig Mitschi malsa hatte es ihm angetan. Tecumseh rief weitere Krieger herbei, schon hatte er fünfzig, sechzig, siebzig um sich. Und da gellte wieder diese Stimme in dem Gewirr vor ihm, die Kentuckyer hielten an, hoben die Büchsen. Simon Kenton war es, der wunderbarerweise am Leben geblieben war, Kenton hatte

einen Befehl geschrien, und nun krachte die Salve aus vierzig kentuckyschen Büchsen. Sie hatten das Kunststück fertiggebracht, ihre Vorderlader im Laufen zu laden.
Aber Tecumseh hatte rechtzeitig warnend aufgeschrien, war einem Yankee vor die Brust gesprungen, hatte ihm sein Messer in den Leib gerannt, der Schuß ging in die Luft. Die Roten hatten ihre Messer und Beile geworfen, an anderern Stellen die Weißen einfach überrannt, denn der kurze Aufenthalt, das Stehenbleiben, Umdrehen – es hatte doch genug Verzögerung bedeutet, um die Indianer an die Mitschi malsa heranzubringen. Die Büchsen krachten wohl, ein halbes Dutzend Rote sank hin, aber die Wirkung, die sich Simon Kenton erhofft hatte, hatte er doch längst nicht erzielt. Etwa zwanzig Mitschi malsa verröchelten, denn die Roten stießen nach, begnügten sich nicht damit, Wunden zu schlagen, während die Kentuckyer keine Zeit hatten, neu zu laden.
»Flieht, Jungens, flieht!« brüllte Kenton. Nun hatte auch ihn das Entsetzen gepackt. Aber er hatte es kaum gerufen, da hörte er ein Aufbrüllen in seiner Nähe, eine Stimme so von Wut, Zorn und Haß geladen, daß er hinübersah zu der Stelle, woher sie kam.
Er erblickte Tecumseh. Er hatte ihn schon lange nicht mehr gesehen, mehr als ein Dutzend Jahre nicht. Der Mann, der da auf ihn zufederte wie ein Wolf, konnte nur Tecumseh sein, Simon Kenton sprang über Löcher im Boden, über niedriges Gebüsch, über Baumstämme, er mußte sein Leben retten, er verlor auch auf der Flucht seine Nerven nicht, er brach nicht angstwinselnd zusammen, obwohl ihm der Schweiß kalt auf der Stirn stand, er hörte wieder seinen Ruf hinter sich, er verstand die indianischen Worte nicht, aber er ahnte, was sie bedeuteten. »Laßt ihn mir!« hatte der Shawano gerufen.
Tecumseh hetzte, gefolgt von seinen »Hunden«, die ihm getreu und verbissen den Rücken deckten, den verhaßten Gegner zum Fluß hinunter. Einer der Verwundeten, die sie vor Chillicothe auf dem Felde aufgelesen hatten, hatte ihm damals gesagt, wer ihr Anführer gewesen war. Tecumseh hatte

erfahren, daß einer von Kentons Gefährten in jenen Frühlingstagen ein dreijähriges Kind skalpiert hatte. Damals war der Wunsch in ihm aufgestiegen, dem Kentuckyer im Gefecht zu begegnen. Jetzt war ihm wie von einem Blitz die Gestalt Simon Kentons erhellt worden, er hatte ihn zuerst an der Stimme und dann an seinen Bewegungen mehr als an den Gesichtszügen erkannt. Aber er wußte: sein Gedächtnis trog ihn nicht.

Dieser Mann sollte ihm nicht entgehen, lebend wollte er ihn haben. Und Kenton begriff die Absicht des Feindes, sonst hätte ja der Shawano längst geschossen. Neue Hoffnung keimte in ihm auf.

Tecumseh aber wurde plötzlich aufgehalten. Der junge Middlington sah, daß sein alter Freund Kenton von einem Indianer gehetzt wurde. Er lief mit etwa zwanzig anderen zu den Booten hinunter; wenn sie die erreichten, war es vielleicht möglich, zu entkommen. Jetzt schrie er plötzlich gellend auf: »Helft Simon, Boys, helft Kenton!« Und wie eine Schar Verzweifelnder sich oft an einem einzigen Starken aufrichtet, so war es auch hier. Sie hörten den Anruf, sie schlossen sich zusammen, sie sahen den Shawano heranrasen und warfen sich ihm entgegen. Middlington sprang Tecumseh von der Seite an, aber der sah einen Schatten auf sich zuschwingen, sprang mitten im Laufen zur Seite, drehte um, dem neuen Gegner zu, Middlington erkannte erblassend den unsagbar Überlegenen an Kraft, Wildheit, Erfahrung, machte schwache Abwehrbewegungen, war aber schon vom Messer des Shawano zu Tode getroffen. Tecumseh sah, daß seine Leute mit den übrigen Angreifern fertig wurden. Er wandte sich deshalb wieder Kenton zu und mußte zu seiner Bestürzung feststellen, daß sich der Kentuckyer schon im Fluß befand.

Dieser Bursche durfte ihm nicht entgehen! Der Häuptling jagte hinter ihm her und erreichte ihn am Ufer. Kenton kniete im Boot und wollte abstoßen. Tecumseh setzte zu einem weiten Sprung an, seine Füße krachten durch den dünnen Boden des Kanus, er schoß ins Wasser, fuhr bis auf den

Grund, kam wieder hoch und suchte in den Fluten nach seinem Feind – vergeblich: Die Brühe war zu trüb. Ein paar schnelle Schwimmstöße brachten ihn wieder ans Ufer. Er wartete auf das Auftauchen Kentons, doch der tauchte nicht auf.

Der Yankee hatte das Splittern dicht hinter sich gehört und schon geglaubt, das Messer seines schrecklichen Gegners müsse jede Sekunde in sein Herz dringen. Hastig rollte er über den Rand des Kanus ins Wasser. Die Strömung riß ihn mit fort, vorbei an einer felsigen Kante. Der Druck sprengte ihm fast die Brust. Er rettete sich eilig ans Ufer und verbarg sich in einem Weidengebüsch. Überall sah er Rote. Er durfte keine Spuren hinterlassen. Tief holte er Atem, dann tauchte er wieder in den Fluß. Nur weiter, hämmerte es in seinen Schläfen, nur weiter, fort von diesem Shawano. Noch gab es eine Rettung für ihn – und wenn er die ganze Nacht im Wasser bleiben mußte . . .

Tecumseh hielt sich nicht lange mit Warten auf. Er rief einige seiner »Hunde« herbei und schickte sie am Ufer zu beiden Seiten aus, um des Entsprungenen habhaft zu werden. Doch soviel sie auch suchten, Simon Kenton blieb verschwunden.

Tecumseh ließ seine Männer bald allein weitersuchen. Er erklomm einen kleinen Felsvorsprung – denselben, der vor wenigen Minuten Kenton seinen Blicken entzogen hatte –, um Ausschau zu halten. Mußte er irgendwo eingreifen? Wie es schien, ging der Kampf seinem Ende entgegen. Ein Teil der Kentuckyer, die hier die Batterien hatten ausschalten sollen, war doch den Booten entkommen; gerade gingen sie unweit des Forts an Land. Er sah, daß sie unbelästigt in das Lager der Amerikaner einzogen. Es waren nicht mehr als hundertfünfzig.

Da faßte ihn die Unrast. Was war drüben geschehen? Warum packte Wanata mit seinen Sioux nicht zu? War es falsch gewesen, ihn und nicht Stiatha dort zu lassen? Auch diese hundertfünzig Mann hätten noch gefangen genommen werden können.

Er sah den Fluß hinauf und hinunter. Hier an diesem Ufer wurde nicht mehr gekämpft. Vorhin hatte er noch bemerkt, daß die Engländer gekommen waren. Er fragte, was passiert sei, und erhielt Auskunft. Dann lief er zu einem der Kanus, mit denen sie übergesetzt waren. Er fuhr über den Maumi und suchte Wanata. Der hatte sich General Clay in den Weg gestellt, ihn auch aufgehalten und ein Stück zurückgeworfen. Doch dann hatte Harrison den Obersten Cass mit der seit Stunden für diesen Fall bereitstehenden Abteilung abkommandiert. Diese Männer faßten die Dakota im Rücken, Clay griff sofort von vorn energisch an; zur selben Zeit kam eine Abteilung von etwa siebzig Mann, die sich bei der Landung verlaufen hatte, vom Fluß herbei; die Dakota mußten ins Gebüsch weichen, und Clay stieß zum Fort durch.
Aber Wanata, noch lange nicht entmutigt, stieß hinterher, und es gelang ihm, wenigstens einen Teilerfolg zu erringen. Dreißig Kentuckyer gerieten unverwundet in Gefangenschaft, zehn bis zwölf wurden verletzt, ebensoviel Tote ließen die Amerikaner zurück. So waren sie hier doch wenigstens um weitere fünfzig Mann geschwächt.
Dann aber ließ Wanata sammeln, zog seine Krieger zurück, und gerade in diesem für sie glücklichen Augenblick kam der Rest von Dudleys Mannschaft auf dem Südufer an. Die Indianer bemerkten die Landung der hundertfünfzig gar nicht.
Aber Harrison hatte nicht nur hier eingegriffen. Als Tecumseh das Fort umritt, um mit Proctor zu besprechen, was nun zu geschehen habe, fand er bei der Batterie, die auf dem Südufer des Flusses, also auf der gleichen Seite wie das Fort selbst angelegt war, alles in Verwirrung. Eine Abteilung Amerikaner hatte die Leute bei der Batterie überraschend angegriffen, die den Kampf auf dem Nordufer wie von einer Kanzel aus deutlich hatten beobachten können, deren ganze Aufmerksamkeit daher dem anfänglichen Erfolg und dann der vernichtenden Niederlage Dudleys gegolten hatte. Die Kanoniere hatten sich gegenseitig auf Einzelkämpfe aufmerksam gemacht – und da waren die Amerikaner gekommen. Sie

hatten im ersten Ansturm die Geschütze genommen und eines davon sofort vernagelt, waren aber daran gehindert worden, auch das zweite unbrauchbar zu machen. Sie mußten mit vierzig Gefangenen schleunigst flüchten, denn die Engländer machten einen Gegenstoß; hundert Indianer, von Winnemac geführt, kamen den Feinden in die Flanke, und nicht viel hätte gefehlt, daß die ganze Abteilung abgefangen worden wäre, denn plötzlich tauchte in ihrer anderen Flanke kanadische Miliz auf, die Proctor entsandt hatte. Aber der Führer der amerikanischen Abteilung befahl Flucht, und so entkamen sie in das Fort. Seine vierzig Gefangenen hatte er schon vorher zu Harrison gesandt.
Das alles vernahm der Shawano von dem englischen Hauptmann Bradford, der hier befehligte. Der Offizier war wütend über seine Leute. Am meisten wütete er über sich selbst. Der Shawano ritt nun zu Proctor.
Der Tag war ein großer Erfolg, wenn auch Clay mit etwa dreihundertfünfzig Mann in das Fort gelangt, wenn auch ein Geschütz verloren war. Von über zwölfhundert Kentuckyern waren siebenhundert tot oder gefangen. Seine Indianer hatten in dem Gefecht gegen Dudley kaum Verluste gehabt; die Verluste Wanatas waren schwerer, aber doch nicht so schwer wie die der Kentuckyer gewesen. Weitere Verstärkungen für das Fort aber konnten frühestens in einem Monat eintreffen. Bis dahin hoffte Tecumseh, die Zahl seiner Indianer verdoppelt zu haben. Fort Meigs mußte fallen, damit aber geriet Harrison in seine Hand, der gefährlichste seiner Gegner. Das würde vielleicht doch noch die Tschippewa veranlassen, sich ihm anzuschließen.
Tecumseh überlegte, rechnete, plante. Er hütete sich vor übereilten Hoffnungen, aber er erkannte, daß der Krieg dennoch zu gewinnen war. Es kam nicht auf die Zahl an, sondern nur auf die Führung, nur darauf, daß er kaltes Blut bewahrte, daß er scharf und klar dachte, schnell handelte und rücksichtslos zuschlug.
Harrison dort im Fort – das war der Feind! Der Gouverneur

Harrison, der Mann mit dem strohgelben Haar, dem freundlichen Gesicht, den ehrlichen Augen – jener Mann, der ihn schon einmal getäuscht hatte.
Niemals mehr einem Weißen vertrauen! das nahm sich der Shawano vor. General Brock war tot – der einzige, der ihn nicht getäuscht hatte. Proctor war hinterlistig, falsch, hochmütig; auf ihn würde er nicht hereinfallen.
Sein schönster Tag aber sollte der sein, an dem Harrison in seine Hände fiel. Dieser Mann, der vor wenigen Monaten friedliche Dörfer hatte verbrennen lassen, der damals im Herbst, als Tecumseh im Süden weilte, mitten im Frieden in Indianerland eingefallen war – gegen alle Treue, Verträge, Zusicherungen, der damals Ten-squa-ta-wa und seine Indianer so lange gereizt hatte, bis sie ihn angreifen mußten, so daß der Friedensbrecher nun als der Überfallene dastand – dieser Mann, der seinen großen Plan, alle roten Stämme zu einem Bunde zu vereinigen, zerstört hatte, indem er das Kernstück des Bundes herausriß und zerbrach.
»Aber noch lebt Tecumseh, und noch lebt der weiße Gouverneur. Die Rache des Berglöwen soll über das Haupt des Verräters kommen.«
So weit war der Shawano in seinen Gedanken gekommen. Er hatte inzwischen mit seinem Pferd den Maumi durchschwommen und befand sich nun wieder auf dem Nordufer. Nicht weit mehr war das Hauptlager der Engländer, in dem sich Proctor befand. Mit ihm mußte er die weiteren Pläne besprechen. Von heute an mußten die Engländer schärfer an das Fort herangehen. Die amerikanischen Verstärkungen waren so gut wie unschädlich gemacht, es bestand keine Gefahr mehr, durch neue Ersatzgruppen im Rücken gefaßt zu werden. Er wollte dem englischen General vorschlagen, sein Lager auf das Südufer und in unmittelbare Nähe von Fort Meigs zu verlegen. Und zugleich beschloß Tecumseh, Boten zu allen Stämmen zu senden und ihnen den Erfolg zu melden. In vierzehn Tagen konnte die Zahl seiner Indianer verdoppelt sein. Dann mußte das Fort fallen!

»Zieh Weiberröcke an!«

Stiatha, der im Kampf blutdürstig und rücksichtslos wie ein Wolf war, hatte sofort nach Schluß des Gefechtes die Gefangenen gesammelt, obwohl nicht alle Krieger sie gern hergaben. Aber niemand wagte ernstlichen Widerstand. Dann hatte er die Kentuckyer, die ängstlich oder sorgenvoll oder verbissen ihrem Schicksal entgegensahen, das in einem grausigen Martertod bestehen mußte, einem englischen Offizier übergeben. Proctor brachte sie in einem alten, halb vermorschten Palisadenring unter, der neben seinem Zeltlager stand. Stiatha hatte die Kentuckyer retten wollen. Aber seine Absicht drohte allen gräßlich zum Verderben zu werden.

Proctor stand, noch erregt und bewegt von all dem, was sich soeben ereignet hatte, mit einigen seiner Offiziere am Lagerausgang, blickte zu dem amerikanischen Fort und auch zu den Gefangenen hinüber, die hinter dem fragwürdigen Schutz der Palisaden, von einigen englischen Posten bewacht, stumpf herumstanden oder auf dem Boden saßen, als von Südwesten her ein schnell anschwellendes Geschrei sich näherte. Bald wurde eine große Schar Indianer sichtbar, die mit wütenden Ausrufen, mit drohenden Bewegungen aus dem Walde hervorstürzten. Im ersten Augenblick glaubte Proctor an einen Angriff von Roten, die vielleicht mit den Amerikanern verbündet waren. Doch da sah er, wie eine Gruppe roter Krieger, die bis dahin in seiner Nähe im Grase gesessen und sich offensichtlich ihre Erlebnisse erzählt hatten, mit wildem Heulen auf ihre Füße sprangen, nach ihren Waffen griffen und laut schreiend den sich Nähernden entgegenliefen.

Endlich unterschied Proctor dann auch ein Wort, einen Namen, der immer wieder von neuem geschrien wurde. Es war der Name Tecumseh.

»Tecumseh ist tot. Die Mitschi malsa haben den Berglöwen erschlagen. Die Langen Messer haben ihn getötet. Rächt Tecumseh!« so gellte es aus dem aufgeregten Haufen. Keiner von ihnen hatte die Leiche des Shawanos gesehen, keiner wußte etwas von ihm, aber er war nicht da, und die durch die Leidenschaft des Kampfes aufgewühlten Krieger glaubten sofort das Schlimmste.

Die wütende Menge wälzte sich heran, stieß die britischen Wachtposten beiseite, von denen einige – zu ihrer Ehre sei's gesagt – sich verbissen wehrten, aber sie wurden fortgeschwemmt, und Proctor sandte ihnen keine Hilfe.

Die Roten aber stürzten durch die Tore, kletterten über den Zaun, einige schossen blindlings in die Menge hinein, andere suchten die Gefangenen, die sie selbst im Gefecht gemacht hatten, um sie nun zu erschlagen; die Kentuckyer wehrten sich, sie schlugen, traten um sich, ein paar entwischten, sie rannten zu Proctor, der keine achtzig Meter entfernt von ihnen stand, baten um Hilfe, die Roten setzten ihnen nach, schlugen sie im Laufen nieder, einige entkamen doch, ein paar Offiziere schoben die, denen es gelungen war, bis zu ihnen zu gelangen, nach hinten in ihre Reihen.

Proctor stand unbewegt, gab keinen Befehl zum Eingreifen, sah mit kaltem Gesicht dem Gemetzel zu, das nun überall begann. Neben ihm stand Oberst Elliot, ein brutaler Geselle, im Kampf von einem tierischen Mut, aber sonst ein würdiges Gegenstück zu Proctor.

»Laßt sie, General!« sagte er roh zu Proctor. »Da haben wir weniger Mühe mit dem Rest. Und wenn wir es ihnen verbieten, sind wir morgen unsere besten Verbündeten los. Das hier aber wird dem guten Harrison ins Gehirn fahren, und er wird abziehen oder sich ergeben.«

So geschah die unsagbare Scheußlichkeit, daß zwei Offiziere der Krone von England, »Christen« und Träger vornehmer Namen, kalten Herzens zusahen, wie vor ihren Augen, fast in Reichweite ihrer Arme und Hände, amerikanische Soldaten, die sich ihnen gegen Zusicherung von Leben und ehrenvoller Behandlung auf Soldatenwort ergeben hatten, erschossen, erstochen, erwürgt und skalpiert wurden.

Aber die Schande wurde noch tiefer.
Vom Flusse her war eine grollende Stimme zu hören. Da raste ein Reiter heran, er überritt in hemmungsloser Wut ein paar metzelnde Rote, schlug dort mit der flachen Seite seines Tomahawk einen anderen vom Pferd herab zu Boden, sprang aus dem Sattel, stand keuchend mitten im Gewoge der Leiber, sprang dazwischen, riß einen Indianer, der sich mit einem anderen zusammen auf einen riesigen, breitschultrigen Kentuckyer geworfen hatte, an seinem langen Haupthaar zurück, sprang den anderen an, trieb ihm die Faust in den Magen, daß er stöhnend zusammenbrach, war schon weitergerast, warf sich mit Tigersprung gegen einen dritten, der gerade das Messer zum Herzstoß erhoben hatte, und dann stand er still, und wieder scholl seine Stimme über den Platz wie der grollende Ruf des Büffelstiers.
Als sie die Stimme hörten, da sanken den Indianern die Hände herunter, einige brachen in Jubelrufe aus, drängten sich ihm zu, andere hörten nur den Befehl, von ihren Opfern zu lassen, aber der Blutrausch war schon über ihnen, und sie wollten fortfahren.
Der Rote aber, den Tecumseh am Haar zurückgerissen hatte, näherte sich ihm mit wutverzerrtem Gesicht, mit dem Messer in der Hand.
»Du hast einen Dakota geschlagen, du hast Pesch-hi zu Boden geworfen, auf, kämpfe, denn dies ist dein Tod!«
Es war Peschi-hi selber, der den Shawano ansprang, besinnungslos vor Wut über die Schande, die ihm da vor allen seinen Kriegern angetan worden war, aber Tecumseh hob in rasender Verachtung die Faust, ließ den Dakota anrennen, fing den Stich mit der Linken ab und schmetterte ihm den Griff seines Skalpiermessers gegen den Schädel, daß der Sioux zusammenfiel, als seien ihm die Füße unter dem Leibe weggeschlagen.
Da rotteten sich die Dakota zusammen, aber schon rief Peta-Kuta, gellte auch Baumspäher in hellem Jubel, daß der verloren Geglaubte unter ihnen stand, den Schrei der »Hunde«

über das Feld, und sie eilten herbei, Stiathas Stimme krähte, und seine Wendat waren im Nu um ihn versammelt. Tecumseh aber achtete nicht auf das, was hinter ihm vorging, er ging auf die Dakota zu, er allein, nur mit dem Messer in der Faust, aber furchtbarer als die Waffe in seiner Hand drohte sein Blick, sein Antlitz war verzerrt vor Empörung, er schritt auf die sich noch enger Zusammenschließenden zu und schrie ihnen in die verstockt sich verhärtenden Gesichter:
»Ihr wollt euch gegen den Berglöwen erheben? Wer seid ihr, daß ihr knurrt, wie es die Präriewölfe tun? Seid ihr tapfer genug, das Messer gegen Wehrlose zu erheben, die eurem Wort vertrauten, so denkt ihr wohl auch kühn genug zu sein, Tecumseh Widerstand zu leisten? Geht!« brüllte er, »geht in eure Zelte, verkriecht euch in eurem Lager, bis ich euch wieder rufe. Und wartet nicht ab, bis der Zorn dem Berglöwen die Besinnung raubt.«
Wie verprügelte Hunde wichen sie vor ihm zurück, indessen ein paar von ihnen Pesch-hi und den anderen Häuptling vom Platze trugen, der sich von dem Stoß gegen den Magen noch nicht erholt hatte. Es war Tinton-ha.
Doch es war nicht nur Angst, was die Dakota zurückweichen ließ. Es war beleidigte Liebe.
Sie hatten ja geglaubt, die Mitschi malsa hätten den Shawano erschlagen. Und nun hatten sie seinen Tod durch ein Meer von Blut rächen wollen. Übergroßer Schmerz war es gewesen, der sie zu diesen Untaten gebracht hatte.
Nun aber kam der, den sie liebten, und warf ihnen Feigheit vor – das schlimmste, was einem indianischen Krieger gesagt werden konnte. Sie zogen ab, sie starrten stumpf vor sich hin, sie verstanden das alles nicht, aber sie fühlten, sie waren geschlagen worden. Nichts schmerzt so sehr wie ein ungerechter Vorwurf, wie ein Tadel, eine Verkennung von dem, den man liebt.
Tecumseh ahnte das alles nicht, er konnte es nicht wissen. Er sah über das furchtbare Totenfeld hin, ihm traten Tränen des Schmerzes in die Augen, und er stöhnte:

»O, was haben die weißen Mörder aus meinem Volke gemacht!«
Dann blickte er um sich und sah Proctor. Rasend ging er auf ihn zu.
»Du stehst da«, brüllte er ihm zu, er rief es auf englisch, und alle Engländer, Offiziere und Soldaten hörten seine Worte. »Du stehst da und siehst zu. Warum hast du nicht Einhalt geboten?«
Proctor sagte kalt – er war beim Eingreifen Tecumsehs unbeteiligter Zuschauer gewesen, wie vorhin bei der Abschlachtung der Gefangenen –:
»Deine Indianer lassen sich ja nichts befehlen.«
Da trat Tecumseh vor ihn hin, so nahe, daß seine drohende Faust dicht vor der Nase des erbleichenden Zurückfahrenden stand:
»Geh nach Hause und zieh Weiberröcke an, da du es nicht verstehst, Männern zu befehlen! Geh nach Hause, denn du bist unfähig, Krieger zu führen!«
Proctor wandte sich ab. Er ging dem Lager zu, sein Gesicht war weiß vor Wut. Aber er wagte kein Wort der Erwiderung, kein einziges Wort.
Da ging der General in seiner purpurroten Uniform, goldbetreßt war sein Hut, ein goldbeschlagener Degen hing an seiner Seite – und er wich zurück vor dem einfachen »Wilden«, der in hirschlederne Leggins gekleidet war und dessen Oberkörper nackt war bis zum Gürtel. Aber Soldat und Indianer erkannten, wer in Wahrheit der König der Wälder war.
Tecumseh blickte dem davongehenden Feigling nach.
Als er sich umwandte, stand ein Kentuckyer vor ihm, breit, groß, in zerrissener, durchnäßter Kleidung, mit einem wilden, trotzigen Gesicht. Dieser Mann kam einen Schritt auf ihn zu und sagte:
»Du hast mein Leben gerettet, Häuptling; es war höchste Zeit, das Messer war schon erhoben. Ich danke dir.«
Der Shawano starrte fassungslos das ungeschlachte Mannsbild vor ihm an. Da stand Simon Kenton und bedankte sich

bei ihm dafür, daß er ihn gerettet hatte. Für den Mörder von Kindern hatte er es mit Pesch-hi und Tinton-ha und den Dakota verdorben! Tecumseh starrte den Kerl an, er wollte zum Tomahawk greifen, er machte einen taumelnden Schritt auf den Kentuckyer zu, der war also nicht ertrunken, da hatte ihn also doch irgendeiner noch gefangen genommen, statt ihm das Gehirn einzuschlagen, er sah die durchnäßten Kleider Kentons, er konnte den Schädelbrecher nicht mehr erheben, er konnte ja das nicht tun, was er eben den anderen verboten hatte, und doch zuckte es ihm in der Faust, schrecklich veränderte sich sein Gesicht vor Haß und hilflosem Zorn, er ließ die Waffe fallen, da er fürchtete, sie könnte allein töten, sie könnte sich von seinem Willen unabhängig machen und dem Mörder die dutzendfach verdiente Strafe selber austeilen. Tecumseh stöhnte, er stieß den erbleichend vor ihm zurückweichenden Menschen von sich, wandte sich um und ging mit taumelnden Schritten zu seinem Pferd. Nanabozho hatte seine Kinder wahrlich verlassen. –

Simon Kenton wurde wenige Tage später zusammen mit etwa vierzig anderen gegen die englischen Soldaten ausgetauscht, die von den Amerikanern bei der Südbatterie gefangen genommen worden waren. Er mußte versprechen, in diesem Kriege nicht mehr gegen England oder seine Verbündeten zu kämpfen.

Er erreichte ein hohes Alter und starb, fast hundertjährig, als General der kentuckyschen Miliz, hochgeehrt von seinen Mitbürgern und steinreich. Ihm ist wohl niemals der Gedanke gekommen, daß er einmal Verbrechen begangen haben könnte. Immer war er der Überzeugung, daß Indianer totzuschlagen genauso gottgefällig sei, wie Wölfe oder Bären auszurotten.

Die alte Zwietracht

Von den gefangenen Kentuckyern waren etwa dreißig getötet und ebenso viele verwundet worden. Tecumseh hätte keinen Augenblick später kommen dürfen. Aber die Folgen des Gemetzels waren viel schlimmer.

Die Dakota waren tief beleidigt. Pesch-hi und Tinton-ha zogen mit allen Kriegern ihrer Sippe in ihre Heimat ab, und Wanata stellte es auch den übrigen Dakota frei, ihnen zu folgen, obwohl er selbst für seine Person starr an dem Tecumseh gegebenen Versprechen der Kriegshilfe festhielt. Es blieben nur noch hundertfünfzig Sioux bei Wanata und damit bei Tecumseh.

Es wiederholte sich also, was sich schon nach dem Fall von Detroit ereignet hatte. Denn die Masse der Dakota zog nicht ab, weil sie sich etwa gekränkt fühlte und ebensowenig die übrigen Stämme, die sich nun wieder von dem Shawano trennten, sondern weil der eine Sieg ihnen genügte. In den Booten der Kentuckyer fanden sich ungeheure Vorräte, fast jeder Dakota, die noch kaum ein Gewehr gesehen hatten, erhielt nun eine solche Waffe, dazu Pulver und Blei und fertig gegossene Kugeln, ferner Wolldecken, Messer, Säbel, Uniformstücke – und fast jeder vierte oder fünfte nahm auch einen Skalp mit. Nun mußten sie nach Hause in ihre Zelte, um dort ihre Ansprüche anzumelden. Für jede Tat stand ihnen eine Adlerfeder zu, die sie im Kopfschmuck tragen durften, eine gespaltene oder eingekerbte oder schwarz gepunktete Feder. Das würde ein gewaltiges Fest geben, nun hatten sie für Monate, für Jahre genug zu erzählen – kurz: Das Ereignis hatte auch diese einfachen Menschen berauscht.

Tecumseh aber erkannte, daß sein Volk noch nicht reif war für seine Pläne. Sie hatten noch kaum ein Bewußtsein ihrer Zusammengehörigkeit, kaum eine Ahnung von dem Schicksal, das ihnen drohte; sie konnten aus dem, was anderen

Stämmen geschehen war, noch nicht darauf schließen, daß es auch ihnen so ergehen würde.
Sie waren in Familien, Sippen, Stämme aufgespalten, sie sahen nur ihren kleinen Kreis, sie lebten mit dem Lauf der Jahreszeiten, und sie sahen dem Unwetter, das seit Generationen über ihrer Rasse stand, mit der gleichen Unbekümmerheit zu, wie sie in ihren Zelten geborgen einem Gewitter zusahen, das seine Regenfluten über die Prärie ausgoß: Das kam herangezogen, donnerte, blitzte, zog vorüber, die Sonne schien, dann kam wieder ein Gewitter, man mußte es hinnehmen. Sie waren seelisch und geistig zu einem wirklich entschlossenen, jahrelangen, bewußten Widerstand nicht reif genug. Sie waren Kinder, die hilflos vor jeder Flutwelle standen, die sich aus dem Osten, aus dem Lande der Blaßgesichter über sie ergoß.
Dem Genie des Shawano wäre es zweifellos gelungen, diese Stämme, Familien und Völkerschaften zu einem Staate zu vereinigen, wenn er dazu Ruhe gehabt hätte, die Ruhe des Friedens. Ihm wären dann auch die tieferen Gründe des Versagens seiner Brüder klar geworden, die einem Manne wie ihm, obwohl er ja selbst ganz in den indianischen Vorstellungen von Gesetz, Sippe, Totem, von Ehrenhaftigkeit und Anstand aufgewachsen war, dennoch schwer verständlich waren. Sein genialer Versuch, durch den Bund der »Hunde« seine eigene Befehlsgewalt zu stärken und zugleich ein festes Band um alle diese Stämme zu ziehen, kam viel zu spät.
Den Indianern fehlte völlig, was wir Gefolgschaftstreue nennen; sie waren dazu durchaus fähig, denn zahllos sind die Beispiele von rührender und heldenhafter Aufopferung für einen Freund, für einen Bruder oder für den Stamm. Aber es fehlte ihnen der Begriff der Treue zu einem überlegenen Häuptling. Zum ersten Male in der Geschichte der nordamerikanischen Indianer machte Tecumseh den Versuch, sich Soldaten und Gefolgsleute zu schaffen. Aber der Krieg ließ ihm keine Zeit mehr dazu.
Es ist bezeugt, daß Tecumseh angesichts der Unzulänglich-

keit Proctors den Plan hatte, sich von der Sache der Engländer zu trennen. Zweifellos wollte er Zeit gewinnen, weil er erkannte, daß er zu früh gehandelt hatte. Er wollte noch einige Jahre des Friedens gewinnen, um die roten Völker fester an sich zu ketten, sie straffer zusammenzufassen.
Aber da hinderte ihn Wanata. Der Dakota erfuhr von der Absicht Tecumsehs, er kam zu ihm und erklärte: »Du hast uns in den Krieg geholt, wir haben einen Vertrag mit dir und den Inglismon geschlossen, wir können nicht gehen, darum mußt auch du bleiben.«
Der Shawano blieb. Mit ihm blieben Stiatha, die Shawanos mit Blaujacke, und natürlich die »Hunde« Tecumsehs. So war die indianische Macht in zwei Tagen auf knapp sechs- bis siebenhundert Mann zusammengeschmolzen. Aber der Shawano erklärte dem englischen General, er werde in zehn bis zwanzig Tagen neue Krieger geworben haben; es sei jedoch notwendig, daß Proctor endlich seine Truppen dicht vor das Fort bringe und einen energischen Angriff vorbereite.
Doch Proctor war dazu nicht zu bewegen. Er forderte Harrison zur Übergabe auf, die der Amerikaner natürlich zurückwies. Darauf brachen die Engländer zum Entsetzen Tecumsehs die Belagerung ab, Proctor ließ die Geschütze in die mitgebrachten Boote verladen und zog nach Detroit zurück.
Es war eine offensichtliche Feigheit. Alles war zu gewinnen, nichts durch weiteres Verweilen vor Fort Meigs zu verlieren. Tecumseh bat, beschwor, drohte – nichts half. Er erfuhr nun, was es bedeutete, daß General Brock gefallen war.
In diesen Tagen erlitt auch der Shawano Logan das Schicksal, das ihm Tecumseh in Detroit vorausgesagt hatte. Der tapfere und fähige Mensch hatte trotz der Warnungen Tecumsehs auch weiterhin sein Leben immer wieder unerschrocken für die Amerikaner eingesetzt. Als er aber einmal eine Aufgabe nicht hatte erfüllen können, weil selbst für seine Schlauheit alle Wege durch die Krieger Tecumsehs ungangbar gemacht worden waren, da warf ihm ein hoher Offizier Feigheit vor und verdächtigte ihn überdies noch des Verrates. Der

schwer gekränkte Logan schwor, er werde seine Treue zur Sache der Amerikaner beweisen, zog mit zwei Freunden aus, geriet mit Winnemac zusammen – und das Ergebnis war, daß zwei hochbegabte Häuptlinge ihr Leben ließen: Winnemac, der in dem Gefecht mit Logan fiel, und Logan selbst, der seinem Gegner zwar schwerverwundet entkam, aber nach zwei Tagen im amerikanischen Feldlager starb. Die Reue seines Beleidigers war laut, aber sie kam zu spät. Der Indianer hatte den Dank erhalten, der bei den Mitschi malsa in solchen Fällen üblich war. –
Die nächsten Monate vergingen damit, daß Proctor in Detroit saß und seine Zeit mit Expeditionen vergeudete, die sinnlos waren und zudem nur mit halber Kraft geführt wurden. Da hätte er besser getan, Fort Meigs zu belagern. Tecumseh half, aber zu Angriffen gegen Festungen waren seine Indianer nicht geeignet. Dennoch hatte der unermüdliche Mann bald wieder mehr als zweitausend rote Krieger um sich versammelt.
Harrison tat alles viel gründlicher, überlegter, entschlossener. Er arbeitete mit aller Macht an der Verstärkung seiner Truppen. Er hatte Zeit, sich seine Offiziere auszusuchen; er machte ihnen klar, daß Dudley nur seinem Ungehorsam die fürchterliche Niederlage zu verdanken habe, in der er selbst gefallen war. Er verlangte in Zukunft genaue Befolgung seiner Befehle, exerzierte und übte, übertrieb in seinen Berichten die Zahl der Kentuckyer, die nach der Schlacht ermordert worden seien, die Grausamkeiten der Indianer an den Gefangenen – und hatte den erhofften Erfolg. Neue Wut brach in Kentucky aus, es stellten sich viel mehr Freiwillige, als er brauchen konnte. Harrison wählte die besten aus, und so wurde sein kleines Heer immer besser.
Aber er tat noch viel mehr. Er sorgte dafür, daß ein erfahrener Seemann in einer Bucht des Erie-Sees ein paar Kriegsschiffe baute, daß dieser Mann alle Unterstützung erhielt und daß ihm gute Geschütze und tüchtige Seeleute von der Küste des Atlantik zur Verfügung gestellt wurden. Bei den Englän-

dern drüben aber fehlte es an allem. Bisher hatten sie die Herrschaft auf dem See; solange sie nicht gebrochen war, konnte Proctor stets in wenigen Tagen Verstärkungen aus dem Osten erhalten; war er also in Detroit und Malden sicher, konnte sich auch schnell zurückziehen, während Harrison bei einem Vormarsch gegen beide Orte von den Indianern im Rücken gefaßt werden konnte. Der Kommandant der kleinen englischen Flotte und auch Proctor begriffen durchaus den Vorteil, den ihnen die Vorherrschaft auf den Seen brachte, sie sandten Depeschen über Depeschen in den Osten, aber man konnte ihnen nicht helfen, denn auch dort hatte man keine Seeleute. Helfen hätte nur London können, aber London versprach alles und hielt nichts, denn damals ging es in Europa um wichtigere Dinge als um die Herrschaft auf dem Erie-See. Der Krieg gegen Napoleon I. war im Gange.

Im September waren die Amerikaner mit ihren Vorbereitungen fertig. Kapitän Perry lief mit seiner Flotte aus, erschien vor Malden, und es kam zum Seegefecht, in dem die Briten geschlagen wurden. Alle ihre Schiffe wurden nach einem erbitterten Kampf genommen, die Herrschaft über den Erie-See fiel an die Amerikaner.

Harrison zog sofort die Folgerungen, er befahl den Vormarsch zu Lande und zu Wasser. Er rückte an der Küste entlang vor.

Proctor in Detroit indessen hielt endlose Beratungen ab. Er war zum Rückzug, zur kampflosen Aufgabe alles dessen bereit, was ja nicht er, sondern Tecumseh und Brock erobert hatten. Aber er wagte noch nicht, dem Shawano die Wahrheit zu sagen, ja, er brachte es sogar fertig, ihm zuerst einen Sieg der englischen Flotte zu melden. Die Indianer jubelten. Um so tiefer war dann die Enttäuschung. Und wieder folgten Beratungen.

In einer dieser Versammlungen ereignete sich ein Zwischenfall, bei dem die hohe Menschlichkeit Tecumsehs noch einmal zu heiterem und fast rührendem Ausdruck kam.

Der Häuptling hielt eine seiner großen Reden, in der er die Engländer in beschwörenden Worten bat, ihrem Versprechen treu zu bleiben, ihre roten Verbündeten nicht zu verlassen, die ihnen doch zu Hilfe gekommen seien, als die Mitschi malsa ihnen den Krieg erklärt hatten. Wegen der Inglismon hätten die Erdgeborenen das Beil des Krieges aus der Erde gegraben, nun dürften ihre weißen Brüder aber auch die Kinder Manitus nicht im Stich lassen und sie den Mitschi malsa ausliefern.
Seine Worte waren bewegt und bitter zugleich, aber er fühlte, daß er über Dinge sprach, die im Grunde schon längst anders entschieden waren, und so fehlte ihm die letzte Überzeugungskraft.
Während der Shawano so im Kreise der Offiziere der britischen Armee und der kanadischen Miliz, im Kreise der grauhaarigen, narbenbedeckten Häuptlinge sprach, bemerkte er auf den Gesichtern einiger seiner weißen Zuhörer ein verwundertes Lächeln, bei einigen Häuptlingen Verblüffung. Es war ein klarer Herbsttag. Der Kriegsrat wurde wie immer, wenn Indianer daran teilnahmen, im Freien abgehalten. Die Bäume glühten in den Farben des sinkenden Jahres, auf den Wiesen blühten Blumen. Plötzlich kam ein kleines, blondhaariges Mädchen herangelaufen, das Kind eines Farmers oder Ansiedlers offenbar, der hier in der Nähe von Malden wohnte. Tecumseh sprach wie immer mit dem Gesicht nach seiner Heimat gewendet, er sah über See und Strom, das Kind aber kam von der Landseite her. Er sah es nicht.
Das kleine Mädchen lief schnell herbei, zögerte ratlos beim Anblick der Versammlung, wandte sich dann aber entschlossen an einen der Engländer um Auskunft. Der deutete auf Tecumseh, und das Mädchen drängte sich unerschrocken zu dem Häuptling durch. Einige Augenblicke stand das Kind schüchtern neben dem Shawano und versuchte ihn auf sich aufmerksam zu machen. Als alles nichts half, faßte es seinen ledernen Überrock an, und als Tecumseh sich überrascht unterbrach, sah die Kleine vertrauend zu ihm auf und sagte:

»Bitte, bitte, komm schnell, bei uns sind böse Leute!«
Tecumseh, im Strom seiner Gedanken aufgehalten, stockte erstaunt, begriff aber schnell, ließ General, Offiziere und Häuptlinge sitzen, hob das Kind auf seine Arme, sprang zu seinem Pferd, schwang sich in den Sattel und rief:
»Zeige mir, wie ich reiten soll, tapfere kleine Schwester!«
Da saßen sie nun, die Offiziere und Häuptlinge – Tecumseh ließ sie warten. Ein Kind hatte ihn gerufen, und der König der Wälder ließ alles stehen und liegen. Er ahnte, daß Menschen in Gefahr waren, und sofort griff er ein.
Wo findet sich in der gesamten Kolonialgeschichte Amerikas ein zweiter Vorfall, der von so hoher und schlichter Menschlichkeit Zeugnis ablegt, wie diese kleine Episode! Und es war ein Indianer, ein »Wilder«, der hier aus der Größe und Einfachheit seines Herzens heraus handelte – nicht durch Bücher oder Predigten belehrt, daß ein Mensch jede Untat zu verhindern habe, die zu verhindern in seiner Macht steht. Wie könnte all das überhebliche, pfäffische Gefasel von der Grausamkeit der Rothäute eindeutiger widerlegt werden?
In wenigen Minuten waren die beiden an einem Blockhaus auf einer Waldlichtung. Der Shawano sprang ab, setzte das Kind auf die Erde und drang in das Haus ein.
Im Eingang begegneten ihm zwei fremde Indianer, die mit Fleisch, Fellen und einigen Geräten hochbepackt die Hütte gerade verlassen wollten. Sie hatten die Meinung der Mitschi malsa, daß man im Kriege plündern dürfe, schnell und gründlich übernommen. Er schrie sie an, alles sofort niederzulegen und sich davonzumachen. Die überraschten Roten dachten nicht daran, sondern machten im Gegenteil Miene, sich auf ihn zu werfen. Da rief er ihnen zu:
»Seit wann sind rote Krieger Diebe geworden? Fort mit euch, ich bin Tecumseh!«
Als sie seinen Namen hörten, stießen sie einen entsetzten Laut aus, ließen ihre Beute fallen und rannten davon.
Tecumseh drang nun in das Haus ein und fand dort eine weiße Farmersfrau, die, von drei Roten bedrängt und bedroht,

sich schützend vor vier kleinere Kinder gestellt hatte und offenbar entschlossen war, eher zu sterben, als die Kleinen zu verlassen oder etwas herzugeben. Die Indianer hatten den Lärm im Eingang gehört, wandten sich um, einer von ihnen schrie auf: »Das ist Tecumseh!« Der Shawano brüllte sie an, sie verschwanden schleunigst, ohne ein Wort der Widerrede zu wagen.

Nun stand er der Frau allein gegenüber. Er blickte sich in dem Raum um, dann sah er auf das kleine Mädchen herab, das mit ihm in das Haus gelaufen war und nun vor ihm stand, er sagte lächelnd:

»Die weiße Squaw hat eine Tochter, die so tapfer ist wie ihre Mutter.«

Die Frau aber war seltsam bewegt. Sie blickte ihn mit Tränen in den Augen an, sie wollte sprechen, aber es gelang ihr nicht. Sie hatte aufregende Minuten hinter sich, die Rettung war zu plötzlich gekommen, die Wendung aus tödlicher Bedrohung in Sicherheit für sie und ihre Kinder war zu groß. Erst als der Häuptling sich grüßend abwenden wollte, um zu gehen, wurde sie Herr ihrer Erregung, sie ergriff seine Hand, drückte sie und sagte leise, aber mit besonderer Betonung und nun auch lächelnd, wie er vorhin gelächelt hatte:

»Weißes Krieger-Pfeilmädchen dankt Tecumseh für seine Tat.«

Erwartungsvoll und gespannt blickten sie und ihre Kinder nach diesen Worten den Shawano an.

Der Häuptling hatte ihr seine Hand gelassen, er hatte sich längst an diese Sitte der Blaßgesichter gewöhnt, aber nun stand er da, hielt die Hand der Frau, die ihm so seltsame Worte gesagt hatte, er blickte ihr in das Gesicht, sah dann auf die Zwölfjährige herab, die sofort zu ihrer Mutter geeilt war und nun, an sie hingeschmiegt, neben ihr stand, er sah das Gesicht des Kindes, sein helles Haar, die großen, erstaunten, bewundernden Augen in dem Antlitz des Mädchens, das ihm voll Liebe und Vertrauen entgegenblickte – und wohl zum erstenmal in seinem Kriegerleben war Tecumseh ratlos, fas-

sungslos. Nach langer Zeit erst sagte er langsam, in der poetischen Ausdrucksweise seines Volkes:
»Fremde Vögel sangen soeben ein süßes Lied vor dem Tore meiner Seele, aber der Sturm vieler Jahre hat den Eingang verschüttet, kein Ruf aus jener Zeit dringt mehr in Tecumsehs Herz.«
Doch die Frau ließ nicht nach. Sie sagte:
»Keine größere Freude konnte ich erleben, als dich noch einmal zu sehen, mein Bruder Tecumseh. Deine Taten und der Ruhm deines Lebens drangen bis zu mir, diese Kinder hier wissen alle, wer du bist. Oft habe ich ihnen von der Zeit erzählt, als wir in den Zelten deines Volkes glückliche Wochen verlebt haben, und auch davon, wie du als Knabe meinen Bruder und mich, zwei weiße Kinder, die allein waren, vom Tod gerettet hast. Meine Tochter kannte kein Zögern, als ich sie zu dir schickte, deine Hilfe zu holen, denn dein Name war ihr vertraut seit Jahren. Zum zweiten Mal hast du mich vor Schlimmem bewahrt, du sollst wissen, daß nicht alle Weißen sind wie die, die dein Volk jagen und töten.«
Der Shawano hörte ihr mit gesenktem Haupte zu. Er stand still und sah auf die Hand hinab, die er immer noch in der seinen hielt. Es war eine arbeitsgewohnte, braungebrannte, derbe Hand, aber er dachte der mageren, kleinen Mädchenhand, die er gekannt hatte.
Er beugte sich noch tiefer, seine Stimme bebte, als er nach einer langen Pause voll Trauer und Schmerz sagte:
»Zwei Adler haben sie erschlagen, wie man eine Fliege erschlägt, ohne Grund; Kleiner Jäger ist gefallen, der der Treueste von allen war, er und Dem der Mond freundlich ist. Ich weiß nicht, wo Baumjunge und Sohn des Wolfs geblieben sind, die sind in den Abend gewandert, da sie die Not ihres Volkes nicht ertrugen. Bald wird nur noch Fliegende Wolken übrig sein vom Bunde der jungen Berglöwen, den wir damals geschlossen haben, als wir glücklich und Kinder waren, denn der Häuptling der Shawanos sieht seinen Tod nahen. Er wird nicht mit den Inglismon fliehen und seine Brüder verlassen.

Laß mich gehen, Weißes Pfeilmädchen, und lehre deine Kinder, gut zu denken vom dem Volke der Erdgeborenen, das nun der sinkenden Sonne zugeht, um im Dunkel der Nacht zu trauern.
Das Herz Tecumsehs ist schwer in seiner Brust, und dennoch danke ich dem Großen Guten Geist, daß er mir erlaubt hat, noch einmal Gutes an dir zu tun.«
Damit ließ er die Hand der Frau los, wandte sich ab, stieg auf sein Pferd und ritt davon.
Schon nach kurzer Zeit war, von ihm geschickt, Peta-Kuta vor dem Blockhause, mit ihm drei von Tecumsehs »Hunden«. Sie sollten, solange er noch hier am Detroit-River war, den Schutz der Hütte übernehmen.
Peta-Kuta kannte nur wenige englische Worte, aber Tecumseh hatte ihm gesagt, wer die Frau war. Er zeigte seine Freude, die wiederzusehen, mit der er einst Blutsbrüderschaft getrunken hatte, auf rührend unbeholfene Weise. Und die Kinder saßen bald auf seinen Knien und ließen sich Bogen und Pfeile, Lederpuppen und Mokassins von ihm machen, ließen sich das Pflaumenkernspiel zeigen und lehrten ihn selbst noch einige englische Worte.
Nach wenigen Tagen schon verließ er, als die Engländer ihren Rückzug antraten, das Haus. Aber er hatte das Zeichen des Puma über der Tür angebracht und drohte damit die Rache Tecumsehs allen Indianern an, die hier etwa plündern wollten oder Schlimmeres beabsichtigten.
Die kleine Lene, die den Namen ihrer Mutter trug, winkte dem Onkel Peta-Kuta noch lange nach. Er selbst winkte so lange zurück, wie das Haus ihm sichtbar war. In der Tür stand die Frau, die einmal Weißes Krieger-Pfeilmädchen gewesen war. Sie hatte Tränen in den Augen. Peta-Kuta brachte seinem Freund und Bruder als Gruß von ihr eine Adlerfeder, die der Berglöwe ihr damals geschenkt hatte, »als sie Kinder und glücklich gewesen waren«.
Tecumseh war nicht mehr in die Hütte zurückgekehrt.

Die Sonne sinkt

Proctor war auf dem Rückzug. Er überließ Detroit, Malden, das ganze Land bis zum Michigan-See kampflos den anrükkenden Amerikanern.
Eine der Reden, die Tecumseh vor den Engländern gehalten hat, um sie von diesem Vorhaben abzuhalten, ist uns im Auszug erhalten. Es ist nur eine kurze Zusammenfassung dessen, was der große rote Patriot gesagt hat, aber auch in diesen wenigen Sätzen noch ist der Feuergeist des überragenden Mannes zu spüren, dessen Leben der Rettung seiner Rasse gegolten hatte und der nun erkennen mußte, daß der endgültige Niedergang nicht mehr aufzuhalten war.
Er erklärte darin, daß die Langen Messer die Indianer zu Lande noch nicht geschlagen hätten, darum wünschten die Erdgeborenen zu bleiben und mit den Feinden zu kämpfen, sollten sie wirklich wagen, vor Malden zu erscheinen. Würden die Amerikaner dann siegen, so sei es immer noch Zeit zum Rückzug. Wenn aber die Engländer durchaus fliehen wollten, so solle Proctor ihm Waffen, Munition und Lebensmittel zurücklassen, und dann möge er abziehen.
»Unser Leben liegt in der Hand des Großen Geistes. Wir sind entschlossen, unser Land zu verteidigen, und sollte es der Wille Manitus sein, so mögen unsere Gebeine hier in diesem Lande zur Ruhe kommen.«
Aber Proctor ließ sich nicht bewegen. Er ließ auch nicht die Munition zurück, die Tecumseh brauchte. (Denn wenn der Shawano auch gegen einen Angriff der Weißen die überlegene Schußgeschwindigkeit des Bogens einsetzte, so brauchte er doch das Gewehr wegen seiner größeren Reichweite.) Proctor wünschte die Indianer mitzunehmen, um sie als Hilfstruppe bei sich zu haben. Hier am Detroit-River hätten sie ihm seiner Meinung nach nichts genützt.
Da begannen die Roten, ihn zu verlassen, und Tecumseh

machte keinen Versuch, sie zurückzuhalten. Er hatte nicht den Wunsch, seine Brüder nutzlos zu opfern, nur damit die Engländer es leichter hätten.

So zogen denn auch die letzten Winnebagos ab. Sana mahonga kam mit gesenktem Blick in das Zelt des Shawanos, aber er ging mit froh erhobenem Haupt und mit einem Gefühl tiefer Dankbarkeit, denn der Shawano kränkte ihn nicht mit einem Worte, er sagte ihm vielmehr, daß es seine Pflicht sei, so zu handeln, wie er vorhabe. Die Ottawa, Pottawatomis, Miamis, Lenape, Wea – alle verstreuten sich in die Wälder.

Nur Wanata blieb auch jetzt. Mit starrer Unbeugsamkeit hielt er an seinem Versprechen fest. Lediglich noch hundertfünfzig Dakota waren bei ihm. »Niemand soll sagen können, daß der oberste Häuptling der Dakota zwei Zungen hat.«

Auch er sah, daß Tecumseh nicht mehr an den Sieg glaubte, sondern den Tod in der Schlacht suchte. Der Dakota, der gewohnt war, für ein großes Volk zu denken und zu handeln, verstand seinen Bruder, und wenngleich er sich durch die Behandlung, die Pesch-hi und Tinton-ha von Tecumseh erfahren hatten, tief beleidigt gefühlt hatte, bewunderte er nun den Shawano, der ohne Schwanken die Folgen aus den unabänderlich gewordenen Ereignissen zog.

Wanata also ging in das Zelt Tecumsehs. Er dachte nicht daran, um die Erlaubnis zu bitten, nach Hause zurückkehren zu dürfen; er wollte vielmehr mitteilen, daß er bleiben werde.

Er fand Stiatha bei Tecumseh. Als er seinen festen Willen ausgedrückt hatte, sah ihm der Shawano ruhig in das Gesicht. Tecumseh erkannte, daß Zureden sinnlos gewesen wäre, und außerdem ist es selbst für einen Helden tröstlich zu wissen, daß er nicht ganz allein seinen letzten Weg gehen muß.

»Auch die Wendat bleiben, und ebenso die Krieger vom Bunde der ›Hunde‹. Es ist gut, meine Brüder, wir gehen also mit den Engländern, denn wir sind nun zu schwach, den Mitschi malsa allein zu widerstehen. Und noch jetzt müssen wir versuchen, den Sieg zu erfechten. Ich werde meinen Platz nicht verlassen, bis ich nicht den Rücken des letzten meiner

Krieger auf dem Pfad vor mir gesehen habe und bis niemand von den Erdgeborenen mehr zwischen mir und den Messern der Mitschi malsa ist.«

Als bekannt wurde, daß die Dakota und Wendat weiterhin mit Tecumseh gehen wollten, da blieben doch noch insgesamt fast hundert weitere Männer aus allen Stämmen da. Solange der Berglöwe kämpfte, wollten auch sie kämpfen. Und noch etwas anderes begab sich: Wie schon einmal kam verlegen, stotternd, unbeholfen Takatoka, der Abitibi, der, wie er versprochen hatte, im Frühling eingetroffen war, zu dem Shawano.

»Draußen sitzen die Menschen aus dem Norden vor deinem Zelt, sie wissen nicht, was sie tun sollen. Du warst unser Vater, du hast uns geholfen, nun bitten sie dich, daß du auch sie mitnimmst. Sie wollen mit dir gehen und mit dir kämpfen. Wir kennen die Kunst der Rede nicht, o Tecumseh. In unseren Schneehütten ist es dunkel, die Unterirdischen sind unsere Begleiter, aber wir kennen darum auch die Furcht nicht vor den Langen Messern. Laß uns mit dir deinen Weg gehen, o Tecumseh.«

Diese seltsamen Menschen, die sich im Lager verschüchtert herumdrückten, die alles anstaunten, weil ihnen alles neu und fremd war, die man für feige und unbeholfen halten konnte, weil sie sich am liebsten im Hintergrund aufhielten, wo sie nicht auffielen, die selbst im Gefecht kein Zutrauen zu sich hatten, aber nicht aus Furcht, sondern weil sie dachten, daß diese so sicher und würdevoll auftretenden südlichen Menschen auch das Fechten und Schießen besser verstehen müßten als sie, die Abitibis, Nenenot, Crees und Maskegon – sie baten, weiterkämpfen zu dürfen! Sie, die so lange verlegen und scheu waren, bis die Wut des Kämpfers über sie kam und sie in die ersten Reihen trieb, die dann Heldentaten vollbrachten, andere mit sich rissen und anfeuerten – um dann gleich nach Beendigung des Kampfes wieder still und gedrückt im Schatten zu stehen, sie baten, man möge sie doch weiterhin dulden!

Der Shawano lächelte. Welch ein Volk waren doch die Erdgeborenen, wie seltsam, wie verschieden und wie tapfer waren sie doch alle! Er lobte mit starken Worten die Brüder aus dem Norden, und sie lachten ihn glücklich und selbstvergessen an.

Anfang September erreichte den Shawano die Nachricht, daß weit im Süden die Saat aufgegangen war, die er einst dort gesät. Lamotschattih, den die Weißen Weatherfort nannten, hatte das Kriegsbeil erhoben und seine Kriik gegen die Langen Messer geführt. Es wurde einer der erbarmungslosesten, blutigsten Kriege, die die Geschichte der Staaten kennt. Aber die Kriik unterlagen, da die Tschikasa und Tschokta, auf deren Hilfe Roter Adler gerechnet hatte, sich neutral verhielten, vor allem aber, weil ein Teil seines eigenen Volkes, von dem Halbblut MacIntosh geführt, sich von den Mitschi malsa gegen ihre eigenen Brüder anwerben ließ und den Weißen die Fährtensucher und Bluthunde machten. Sie führten General Jackson in die Verstecke ihrer Stammesgenossen, die die Amerikaner ohne ihre Hilfe niemals gefunden hätten, und halfen in der Hufeisenbiegung des Tallapusa-Flusses ihre roten Brüder abzuschlachten bis niemand von ihnen mehr übrig blieb.

Später fand dann auch MacIntosh sein Schicksal, der geglaubt hatte, dem Verhängnis, das über seinem Volke hing, dadurch entrinnen zu können, daß er sich verkaufte. Unerbittlich arbeitete die Schere, von der der alte Sagamore Catahe-cassa in Detroit gesprochen hatte, und sie zerschnitt und vernichtete alles, was zwischen ihre Schneiden kam. –

In den Blätterfall des Herbstes hinein ging der Rückzug Proctors. Noch einmal erlebte Tecumseh die Farbenpracht der Wälder seiner Heimat, das Rauschen der Bäche, die Nebelschwaden der Morgenfrühe, die klaren blauen Tage, das Wandern der ungeheuren Wildscharen.

Proctor zog am Ostufer des Detroit-River hinauf, am See St. Clair entlang bis zur Mündung der Kanadischen Themse, und dann diesen Fluß aufwärts. Das ermöglichte ihm, seine

Geschütze, seine Munition, alle Vorräte in Booten mitzunehmen und die marschierende Truppe zu erleichtern. Aber alle seine Anordnungen waren unentschlossen, wie ja auch die Belagerung von Fort Meigs nur durch sein zaghaftes Vorgehen fehlgeschlagen war. Es kam vor, daß Brücken über Nebenflüsse der Themse, die für den Rückzug hatten gebaut werden müssen, nicht zerstört wurden, weil Proctor vergessen hatte, den Befehl dazu zu geben.

War der englische Anführer schwach und unentschieden, so wurde Harrison mit jedem Tage härter, schärfer, zupackender. Am 29. September 1813 rückte er in Detroit ein, setzte schon am nächsten Tag über den Strom und folgte dann unmittelbar den Engländern. Jeden Tag holte er mehr von dem Vorsprung ein, den Proctor gewonnen hatte, der sich weder zu einem Kampfe noch zu energischem Rückzug entschließen konnte. Er mußte sich täglich Vorwürfe Tecumsehs anhören, der ihm Feigheit vorwarf, der ihm drohte, ihn mit allen seinen Kriegern zu verlassen – und der das doch nicht tun konnte, da er sein Leben nicht mit einem Verrat beenden konnte. Aber der Shawano forderte bei einem Streit den General zu einem Zweikampf heraus, der darüber entscheiden sollte, wer von ihnen beiden das Recht habe, zu befehlen. Proctor erwiderte auf diese »Anmaßung« des »Wilden« wohlweislich nichts, aber er beklagte sich bitter bei seinen Offizieren, was er alles über sich ergehen lassen müsse.

Am 1. Oktober gingen die Engländer mit den verbündeten Indianern auf das Nordufer des Flusses über. Aber auch hier blieb Proctor nicht stehen, wie er es Tecumseh versprochen hatte.

Der Shawano sah ein, daß er die Inglismon zwingen müsse. Sein ganzes Augenmerk war nun darauf gerichtet, ein günstiges Gelände für den Entscheidungskampf zu finden. Er schickte Stiatha mit seinen Wendat voraus, um das Land zu erkunden, machte auch selbst täglich lange Ritte, die ihn weit vor das englische Heer führten, das immer noch aus achthundert Mann bestand, während er selbst etwa siebenhundert Indianer leitete, eine für unsere Begriffe lächerlich kleine Streitmacht, und doch war sie groß genug, um das Schicksal eines Landstriches zu entscheiden, der dreimal so groß war wie das alte Deutschland.

An einem der ersten Tage des Oktobers beschloß Proctor, einen Vorschlag Tecumsehs anzunehmen, und in einem von ihm ausgesuchten Gelände die Amerikaner zu erwarten. Er ließ seine Truppen in Stellung gehen, in einem ausführlichen Kriegsrat wurde beschlossen, wie die Engländer und die Indianer eingesetzt werden sollten, noch einmal flammte die Kriegslust bei den Roten auf, Tecumseh, Stiatha, Wanata und Blaujacke, ja selbst der schüchterne Takatoka hielten anfeuernde Reden, alles war bereit – aber als die Meldung eintraf, daß die Amerikaner nur noch einen halben Tagesmarsch entfernt seien, ließ Proctor, ohne Tecumseh vorher zu benachrichtigen, den Rückzug befehlen. Die englischen Kompanien formierten sich und brachen auf. Als Tecumseh, der auf einem Erkundungsritt gegen die heranziehenden Amerikaner abwesend war – er wurde dabei in einem Waldgefecht durch einen Schuß in den Oberarm verwundet –, die Nachricht erhielt, war kein einziger seiner weißen Verbündeten mehr auf dem vereinbarten Kampfgelände.

Nun riß dem Shawano endgültig die Geduld. Er sandte Blaujacke und Stiatha dem englischen General nach und ließ erklären, daß er zu den Amerikanern übergehen würde, wenn Proctor nicht endlich halt machte.

Erschrocken sagte der Engländer nun alles zu. Er wußte sehr gut, daß Harrison auf solch ein Angebot Tecumsehs sofort eingehen und daß es dann für die Engländer keine Aussicht auf Entkommen mehr geben würde. So stellte er sich dann am 5. Oktober dem Feinde. Tecumseh hatte noch einmal ein günstiges Gelände ausgewählt. Die linke Flanke der Engländer lehnte sich an das Ufer des hier recht tiefen Flusses, das durch Gebüsch und zum Teil versumpften Boden ungangbar war. Die rechte Flanke wurde durch einen dichten Wald gedeckt, der ebenfalls sumpfigen Grund hatte und für Reiter

unbetretbar war. Der feste Boden ließ nur einen schmalen Durchgang, hier stellte Proctor seine Truppen, vielfach hintereinander gegliedert und gestaffelt, zur Abwehr des Angriffs auf. Wenn es ihm gelang, seinen Leuten Mut einzuflößen, so war es nicht ausgeschlossen, daß die Amerikaner geschlagen würden, denn noch immer war die disziplinierte englische Linieninfanterie den Soldaten Harrisons überlegen.
Es kam hinzu, daß die Kentuckyer seit der furchtbaren Niederlage Dudleys bei Fort Meigs eine heillose Achtung vor den Indianern hatten, die Tecumseh in dem sumpfigen Waldrand gut getarnt aufstellen ließ. Der Name Tecumsehs war nun allen Mitschi malsa wahrhaft zu einem Schreckenswort geworden. Seine Linie verlief genau in einem rechten Winkel zu der der Engländer; er wollte versuchen, die Amerikaner in der Flanke und vielleicht sogar im Rücken zu fassen. Aber dazu war notwendig, daß die Engländer ihren Platz hielten und verteidigten. Dann mußten die Amerikaner immer stärkere Truppen gegen sie einsetzen. Erst konnte er mit den Wendat und seinen »Hunden«, die er zunächst in Reserve zurückbehalten wollte, gegen die Mitschi malsa vorgehen. Der Shawano beschwor in seiner Rede – es war die letzte, die er vor weißen Zuhörern hielt – seine Verbündeten, sich in den Boden zu krallen, keinen Fußbreit davon preiszugeben – das weitere sollten sie ihm und seinen Kriegern überlassen.
Dann ritt er zu seinen roten Brüdern hinüber, und von diesem Augenblick an hat ihn kein Auge eines Weißen mehr gesehen. Es ist bezeugt, daß er wie immer die schlichte Tracht der Wälder trug, hirschlederne Leggins und Mokassins und ein ebensolches ledernes Hemd. Nichts an ihm verriet, daß er ein Häuptling war und der Feldherr seines Volkes.
Unzweifelhaft haben Furcht und Sorge in seinem Herzen gewohnt, denn sein scharfes und kühles Auge muß gesehen haben, daß in Proctor nicht der entschlossene, Gefahr und Tod verachtende Wille zum Siege lebte, der notwendig gewesen wäre, um jetzt noch einen Erfolg über einen Mann wie Harrison zu erzielen. Seinen Kriegern erklärte er in einer kurzen

Ansprache, deren Inhalt später einigen Weißen zu Ohren kam, er sei bereit, auf diesem Platz zu siegen oder zu fallen.
Harrison kam. Er ließ durch Plänkler und Pfadfinder aufklären, bald kannte er die Position des Feindes; er sah die Gefahr, die seinem linken Flügel durch die Indianer drohte, und er schwankte lange, ob er den Angriff überhaupt wagen solle. Schließlich entschloß er sich dazu, gestützt auf den stürmischen Wagemut der Männer aus Kentucky. Freilich überließ er nichts dem Zufall. Er staffelte einen großen Teil seiner Infanterie gegen den Wald. Die Roten seien nicht anzugreifen, im Gegenteil: Man solle sie anrennen lassen, und auf keinen Fall seien sie in den Wald hinein zu verfolgen. Jeder solle an das Schicksal Dudleys erinnert werden, der mit seiner Abteilung nur deshalb vernichtet worden sei, weil er in allzu tollem Draufgängertum den scheinbar fliehenden Indianern nachgestürzt und so in die Falle gelaufen war. Allein der Kampf gegen die Engländer entscheide. Seien die erst einmal geschlagen, dann bedeuteten auch die Indianer keine Gefahr mehr, obwohl sie von Tecumseh persönlich geführt würden.
Gegen die Engländer setzte Harrison den Rest der Infanterie in drei Linien ein, die jeweils etwa hundert Meter Abstand voneinander halten und gleichzeitig vorrücken sollten. Werde das erste Treffen geschlagen oder zurückgedrängt, so habe das zweite zu attackieren und notfalls auch das dritte. Eine weitere Infanterieabteilung hielt er in Reserve. Die Reiterei, neunhundert Mann stark unter Oberst Johnson, sollte hinter dem linken Flügel der ersten Linie vorgehen und dort die angreifende Infanterie gegen Überraschungen durch die Roten schützen.
Harrison selbst setzte sich mit seinen Adjutanten vor die Mitte der ersten Linie und war nach einem Blick über seine Truppen gerade im Begriff, den Befehl zum Vorrücken zu geben, als Oberst Mood, dessen Leute am rechten Flügel inzwischen gegen die Engländer hin aufgeklärt hatten, eilig herantrat und meldete, die britische Infanterie sei nicht geschlossen aufmarschiert, sondern in ausgeschwärmten Formationen.

Sogleich warf Harrison seinen Plan um. Die Engländer waren an ein Vorgehen, das für Indianer und Waldläufer typisch war, nicht gewöhnt. Proctor machte in seiner Unentschlossenheit einen geradezu unsinnigen Versuch, der zu seinem Verderben ausschlagen mußte, wenn er einen fähigen Gegner hatte. Und fähig war Harrison.
Der Amerikaner wies nun der Reiterei ihre Stellung vor der Infanterie an, ließ neue Befehle ausgeben, setzte sich, während Oberst Johnson den linken Flügel führte, vor den rechten der Reiterei und befahl den Angriff. Ein Trompetensignal erscholl, die Masse der Reiter und Pferde trabte an, die Infanterie setzte sich in Bewegung, dann fiel die Kavallerie in Galopp.
Die Engländer feuerten eine Salve ab, die einige Pferde verletzte und die Angreifer einige Tote und Verwundete kostete, aber es gab nur eine kurze Stockung, die Reiter preschten in scharfem Antritt in die englischen Linien hinein, die nur noch zu einer einzigen Salve Gelegenheit hatten. Da waren die Amerikaner aber schon mitten unter ihren Feinden.
Proctor war nicht wie Harrison in der Front zu sehen gewesen, er hatte seine Reiterei unter seinem direkten Befehl geschlossen hinter der Infanterie aufmarschieren lassen, um so Gelegenheit zu haben, an jedem kritischen Punkte selbst eingreifen zu können. Jetzt aber erkannte man den wahren Grund dieser Maßnahme. Er sah, daß die ersten Linien seiner Truppen überschritten waren, gab den Kampf sofort verloren, warf sein Pferd herum und jagte davon, mit ihm die ganze englische Kavallerie.
Er rettete sein Leben und verlor seine Ehre als Offizier. Das war das Zeichen zur allgemeinen Flucht. Die Infanterie sah sich verlassen, die Offiziere erkannten die feige Flucht ihres Generals und schwenkten weiße Tücher, soweit sie es nicht vorzogen, auf ein Pferd zu springen und ihrem General zu folgen.
Der Kampf hatte an dieser Stelle nicht viel länger als eine Minute gedauert. Die Engländer hatten nur achtzehn Tote.

Das war die »Schlacht« an der kanadischen Themse – zumindest, was den englischen Anteil daran angeht.
Aber im Wald saßen die Indianer Tecumsehs. Der Shawano und alle seine Krieger waren bisher Zuschauer gewesen. Tecumseh hatte seine Scharen nicht vorrücken lassen, da er dann zwischen die angreifenden Abteilungen der Amerikaner und die Reserven Harrisons geraten wäre, Und seine Gegner wieder hatten sich zunächst nur den Engländern zugewandt. Oberst Johnson, der den linken Flügel seiner Leute vorführte, wurde plötzlich, da er zu weit nach links, in die Nähe des Waldes geraten war, von den Indianern angenommen und sofort schwer verwundet, so daß er das Feld verlassen mußte. An dieser Stelle fiel auch eine Anzahl anderer Reiter. Die Überlebenden erzählten, sie hätten eine gar nicht laute, aber sehr ruhige, durchdringende, etwas plärrende Stimme in indianischer Sprache Befehle geben hören. Die Gegenwirkung der Roten an dieser Stelle jedenfalls war so heftig, daß die Amerikaner sich zurückziehen mußten.
Einige Zeit lang herrschte Ruhe; die Engländer ergaben sich, und die Amerikaner, völlig verblüfft von dem schnellen Ausgang des Kampfes, hatten ihre Fassung noch nicht ganz wiedergefunden.
In dieser Pause vernahmen viele Kentuckyer aus dem Walde, in dem, wie sie ja wußten, die Indianer lagen, eine mächtige, dunkel grollende Stimme, die überall zu sein schien. Als dann später Harrison den Angriff gegen die Roten befahl, war der tiefe Baß trotz dem anschwellenden Lärm des Gefechtes weiterhin zu hören, er schien mit dem Knattern des Gewehrfeuers, dem Schreien der Verwundeten immer mehr an Stärke zuzunehmen. Einige Reiter, von dem äußerlich fest und trokken aussehenden Boden dazu verlockt, ritten unter Führung des alten, weißhaarigen Indiancrkämpfers Withley im Galopp gegen den Wald. Die Donnerstimme des Häuptlings schwoll zu rasendem Triumph an. Withley wurde genauso wie vorhin Johnson aus dem Sattel geschossen. Seine Leiche wurde später gefunden, sie hatte einen Pfeil im Herzen, selt-

samerweise aber war das Haupthaar nicht angerührt. Die übrigen Reiter gerieten in morastigen Boden, wurden abgeworfen oder stürzten zusammen mit ihren Pferden. Nur knapp die Hälfte der Schar kam unverwundet zurück.

Isaak Shelby, an Jahren nicht jünger als Withley, führte nun die Infanterie vor. Es waren Waldläufer, Trapper, Jäger. Sie griffen nicht über das offene Feld hin an, sondern schlichen sich gedeckt vor, ihre Büchsen krachten einzeln, und jedes Mal wurde gut gezielt.

Aber die Indianer erwiderten das Feuer, auch ihre Gewehre ließen sich hören, obwohl die meisten von ihnen die stumme Waffe, den Bogen, vorzogen. Immer mehr Weiße krochen im welken Grase vor, bargen sich in Erdmulden, es wurde erbittert gerungen. Aber immer war der grollende Baß zu hören, von Zeit zu Zeit ertönte ein jubelnder Schrei, wenn ein Indianer glaubte, einen Feind getroffen zu haben, sonst fochten die Roten stumm.

Sie hatten die Engländer fast ohne Gegenwehr fliehen gesehen; wofür kämpften sie noch in diesem Kriege, der zwischen Weißen ausgefochten wurde? Wollten sie die Ehre der britischen Fahne retten?

Sie sahen, daß die Langen Messer nun, nachdem ihre Verbündeten geflohen waren oder sich ergeben hatten, ihnen an Zahl vier- oder fünffach überlegen waren, aber sie wichen nicht, sie lauerten hinter Gebüsch und Strauchwerk, lagen im Unterholz, warteten ruhig, bis sich ein Feind eine Blöße gab, und dann schossen sie.

Wieder erhob sich die mächtige, befehlende Stimme, sie flößte den Kindern Manitus Mut ein, sie feuerte an, Haß und Trotz sprachen aus ihr und ein verbissener Ingrimm – aber plötzlich brach sie mitten in einem Satz, in einem Ausruf ab.

Es ging ein klagendes Aufseufzen durch die Reihen der Roten, dann herrschte plötzlich Totenstille unter den Kronen der Bäume. Nur die Blätter raschelten trocken im Winde. Kein Schuß fiel mehr. Es war, als sei jede Bewegung erstarrt.

Dann – nach langer Pause – erhob sich eine neue Stimme. Sie

war plärrend, ein wenig blechern. Sie verriet Trauer und Bestürzung.
Nachdem auch diese Stimme verklungen war, hörten die Kentuckyer nichts mehr. Sie gaben noch einige Schüsse ab, da sie jedoch keinen Feind mehr sahen, schlief das Gefecht ein. Sie lauerten und warteten lange Zeit. Später krochen beherzte Männer unter dem Schutz der geladenen Büchsen scharf spähender Gefährten vor. Sie fanden einige tote Indianer, aber keinen einzigen verwundeten und auch keinen unverwundeten Feind. Die Roten waren lautlos abgezogen, ohne daß die Amerikaner es bemerkt hatten.
Unter den herbstlichen Bäumen des kanadischen Waldes herrschte tiefe Stille, während draußen auf der Lichtung das wilde Lagerleben eines siegreichen Kampftages einsetzte. Die Sonne – es war noch nicht Mittag – malte helle Kringel auf den Boden, gelbe Blätter tanzten und flatterten zur Erde, ein Specht hämmerte.
Ein Trompetensignal rief über das Feld. Harrison ließ seine Truppen zusammenrufen. Der Krieg im Westen war beendet. Niemals wieder würde der grollende Baß im Kampf, am Lagerfeuer oder in der Versammlung der Häuptlinge erklingen. Nanabozho hatte seinen größten Sohn zu sich gerufen.

*

Indianer erzählen, daß einige Meilen weiter im Norden ein Scheiterhaufen brannte. Peta-Kuta, der letzte vom Bunde der Berglöwen, stand stumm in seinem Rauch, und zwischen ihm und Baumspäher stand trotzig Tecumsehs junger Sohn, der in seines Vaters letztem Gefecht treu an seiner Seite gekämpft hatte.
Zu Füßen der Leiche des toten Helden aber hockte ein alter, gebückter, grauer Mann auf dem Holzstoß. Er sang mit leiser Stimme sein Totenlied; je höher die Flammen schlugen, um so lauter wurde sein Gesang. Die Stimme Stiathas, der nicht mehr leben wollte, da die Hoffnung des rothäutigen Volkes

im Kampfe gefallen war, hatte nichts Plärrendes mehr. Sie hatte die Kraft der Jugend wiedergefunden. Stiatha, der Hurone, ließ sich freiwillig mit dem toten Berglöwen auf dem Scheiterhaufen verbrennen.

Die Krieger saßen stumm im Kreise, auch als die Stimme des tapferen alten Häuptlings längst erloschen war. Nicht wie sonst wurden Klagelieder gesungen. Die Erdgeborenen saßen mit tiefgebeugtem Haupt, starr und regungslos, nur die Flammen knisterten, und der Rauch stieg kräuselnd in die stille Luft empor. Die Nacht kam, ward groß und tief und ging. Die Sterne leuchteten, der Wald brauste, die Bäche und Ströme rauschten das Sterbelied eines Helden, der in den Abend heimgekehrt war.

Im Westen geht die Sonne unter. In den Westen zogen trauernd die Scharen der Kinder Manitus.

Justus spürte Jeff dicht hinter sich, als er in die schmale Kammer jenseits der Zimmerwand schaute: Er sah Staub und Spinnweben, und dann sah er Stufen. Sie führten in pechschwarze Finsternis hinunter.
„Eine Kerze", sagte Justus. „Gib mir eine Kerze."
Jeff holte eine. Justus hielt kurz inne, um den Teil der Wand, der sich geöffnet hatte, zu untersuchen. „Kein Wunder, daß es sich so massiv anhörte", sagte er. „Das hier ist gemauert und verputzt wie jede normale Hauswand, und das Ganze hängt in einem Stahlrahmen. Ein richtiges Meisterstück!"
Jeff schaute an Justus vorbei, in die Dunkelheit am Fuß der Stufen. „Willst du da runter?" flüsterte er.
„Du gehst auf keinen Fall da hinunter!" rief Mrs. Darnley.
„Es tut mir leid, aber ich muß wohl", sagte Justus. „Ich kann mich eben nicht damit anfreunden, ein Rätsel nur zum Teil zu lösen."
„Dann komme ich mit!" verkündete Jeff.
„Jeff! Nicht!" Mrs. Darnleys Stimme klang schrill.
„Mrs. Darnley, das Phantom ist vielleicht gar nicht dort unten", brachte Justus vor. „Es kann auch schon aus dem Haus und über alle Berge sein." Justus stieg über die Bodenleiste auf die Treppe. Jeff packte seinen Schlegel fester und folgte ihm. Die verborgene Treppe war steil. Das Flackerlicht der tropfenden Kerzen beschien staubige, stockfleckige Wände. Justus spürte den eklig-säuerlichen Geruch nach Alter und Feuchte und nach Luft, die so lange eingesperrt war, daß sie einem tot vorkommt.
Plötzlich machte die Treppe eine scharfe Biegung, führte noch drei Stufen abwärts und endete in einem winzigen Kellerraum – einem aus Hohlblocksteinen gemauerten Raum mit Zementboden. Justus hielt seine Kerze in die Höhe, . . .

Dies ist eine Leseprobe aus „Die drei ??? und der Zauberspiegel", erschienen in der Franckh'schen Verlagshandlung Stuttgart.

KANAI
NORDAM
Pazifischer Ozean
N
W
O
S
Golf